Desidero che tutti i diritti della vendita di questo libro siano messi a disposizione dei poveri che varcano ogni giorno la soglia degli Arsenali. Ho scoperto da tempo che non c'è affare più redditizio.

Ernesto Olivero

Ernesto Olivero

Sogno che fra cent'anni

EFFATA' EDITRICE

SERMIG – Fraternità della Speranza
www.sermig.org
www.giovanipace.org

Arsenale della Pace
Piazza Borgo Dora, 61 – 10152 Torino
tel.: 011-4368566 – fax: 011-5215571
e-mail: sermig@sermig.org

Arsenale della Speranza
Rua Dr. Almeida Lima, 900 – Mooca
03164-011 São Paulo (Brasile)
tel.: 0055-11-22920977 - 22921432
e-mail: brasile@sermig.org

Arsenale dell'Incontro
P.O. Box 564
Madaba (Giordania)
tel.: 00962-53253244
e-mail: giordania@sermig.org

Via Tre Denti, 1 – 10060 Cantalupa (Torino)

Tel. 0121.35.34.52 - Fax 0121.35.38.39
E-mail: info@effata.it - www.effata.it

ISBN 978-88-7402-385-1

Copertina: Piero Reinerio; disegni: dom Luciano Mendes de Almeida; editing: Silvia Cortellazzi; grafica: Fabrizio Meloni; stampa: Stargrafica – S. Mauro T.se (TO)

Prima edizione: gennaio 2008
Seconda edizione: aprile 2008
Terza edizione: dicembre 2009

Un'avventura nasce
perché pensata dal Signore,
cresce perché aiutata,
stimolata, ostacolata,
amata, pregata...
Il Sermig appartiene
al Signore
e a tutti quelli
che l'hanno condotto
sulla strada che Lui
aveva tracciato.

Ernesto Olivero

Queste pagine che stai per leggere...

Incontrando Madre Teresa di Calcutta, mi è capitato di raccogliere autentiche perle preziose, che l'umile suora seminava con disarmante semplicità.
Eccone alcune.

«Madre, qual è la persona più importante per lei?».
«È quella con la quale sto parlando».

La stessa risposta si può ricevere incontrando Ernesto Olivero e i giovani del Sermig di Torino.

«Madre, qual è il giorno più bello della sua vita?».
«È oggi! Perché posso ancora riempirlo di amore».

Al Sermig di Torino si respira la stessa convinzione: Dio ci ha creati per amare e, pertanto, la felicità non si trova nei divertimenti (è un'illusione!), ma si trova nel fare il bene e nello spendersi generosamente per gli altri. Insegnare questo ai giovani vuol dire amarli veramente.

> «Madre, dopo tanti premi e tanta fama, che cosa porterà con sé al termine della sua vita?».
> «Soltanto una valigia: la valigia della carità».

I giovani del Sermig vivono con questa identica certezza: il vero modo di accumulare non è il «prendere», ma il «dare». Ciò che raccogliamo con insaziabile egoismo, non sarà mai nostro: lo lasceremo, prima o poi. Invece, ciò che doniamo ritorna a noi, perché ci riempie il cuore di bontà e, quindi, di felicità. Infatti il cuore buono è l'unico cuore felice.

Queste pagine, che stai per leggere, sono la fotografia del Sermig: non sono una teoria, ma sono una vita; non sono un'ideologia, ma sono un'esperienza; non sono pagine di dotti pensieri, ma sono volti e cuori diventati racconto d'amore... Perché altri possano continuare a raccontare l'Amore, cioè Dio.

Nell'esperienza del Sermig non c'è arroganza, non c'è presunzione, non c'è voglia di protagonismo, non c'è ricerca di privilegi o sete di potere e di consensi. C'è soltanto il desiderio di lodare Dio amando tutti in silenzio e curando ogni ferita con la carità paziente e gratuita. Come i fiori del campo, che non hanno bisogno di gridare per farsi notare: il loro profumo parla da solo.

E sia ben chiaro: il Sermig nasce in ginocchio, davanti all'Eucaristia. E potrà vivere soltanto così: aggrappato a Gesù, che è la sorgente della vera carità.

Ringrazio Dio per aver donato alla Chiesa Ernesto Olivero e i giovani del Sermig e prego ogni giorno, affinché questo limpido «pezzo di Cielo» non si sporchi di orgoglio. La Vergine Maria, regina dell'umiltà e modello di vera carità, vegli e custodisca intatto il dono di Dio: ne abbiamo tutti bisogno.

+ Angelo Comastri
8. XII. 2007
Immacolata Concezione
della MAMMA!

Card. Angelo Comastri
Arciprete della Basilica Papale
di San Pietro in Vaticano

Mi piacerebbe che fra cento e più anni

Gesù ci ripete continuamente che solo l'amore e il servizio ci rendono suoi discepoli. Ho sempre pensato che un cristiano può essere portinaio o presidente della repubblica o cardinale ma sempre e solo per amare e per servire.

Se il Signore continuerà ad accompagnare questa «Sua» avventura, mi piacerebbe che anche fra cento, duecento o più anni questo stile di vita non cambiasse, vorrei che il nostro modo di essere non rincorresse i tempi e le mode, ma continuasse ad essere, con semplicità, speranza per chi lo vive e per chi lo incontra.

Ho scritto queste pagine per ognuno di noi che ha detto il suo sì al Signore nel matrimonio, nel sacerdozio, nella vita consacrata, come cristiano nel mondo, perché tutti siamo chiamati al medesimo sì, tutti siamo chiamati ad amare e a servire, senza entrare mai nell'abitudine. Le ho scritte anche per tutti quei giovani che sono in cammino verso la Fraternità.

Ernesto Olivero

Torino, 27 agosto 2007
A un anno dalla morte di dom Luciano

La filosofia di quest'avventura

Un giorno con il filosofo Norberto Bobbio si parlava di credenti e non credenti. Gli dissi che secondo me non conta tanto la definizione credente o non credente, conta piuttosto se si è uomini di buona volontà oppure di non buona volontà. Bobbio mi chiese: «E quale differenza passa secondo te tra gli uni e gli altri?».

Risposi: «Gli uomini di buona volontà sono quelli che per le proprie motivazioni religiose, filantropiche, filosofiche si fanno gli affari degli altri».

«E gli altri chi sono?».

«Sono quelli che per le stesse motivazioni si fanno gli affari propri».

Sorrise e annuì: «Mi piace questa definizione».

Ciò che ci rende uguali è che Dio ama allo stesso modo sia il credente che il non credente. Non concede né privilegi né sconti a nessuno.

Ho conosciuto Dio da bambino, attraverso la fede e la credibilità di mia madre, mi sembrava naturale parlare con Lui. L'incontro con Lui è diventato relazione d'amore, mi ha spinto ad occuparmi con passione degli altri senza mai perdere il dialogo con Lui.

Dopo tanti anni, è ancora così. Non sono ancora del tutto povero, mite, puro, pacifico, non riesco sempre a porgere l'altra guancia quando qualcuno mi fa del male, ma sto con Dio, mi sento amato da Lui e Lo amo con tutto me stesso. E con Dio sono rimasto anche nell'avventura che mi sono trovato a vivere.

Il Sermig è nato nel «Sessantotto», un'epoca di grandi sogni e di violente contestazioni. Da subito abbiamo creduto possibile camminare con chiunque avesse il vero desiderio di un mondo più giusto. La Regola del Sermig affonda le sue radici in quegli anni e nella storia di ragazzi e ragazze che crescendo e rimanendo insieme hanno trovato

il senso della vita in Gesù: si sono riconosciuti nel suo comandamento dell'amore e ad esso hanno ispirato tutte le loro scelte, diventando una Fraternità che non ha smesso di avere il cuore aperto al mondo.

La Regola è nata dal basso della terra, dal basso della vita reale, quella che forse prima non conoscevamo molto: dall'accogliere gli esclusi, dall'ascoltare i disperati, dall'aiutare lo straniero a non sentirsi straniero nella nostra terra, dall'offrire una mano e dare dignità al carcerato.

Penso che lo spirito di questa Regola possa ispirare uomini e donne di buona volontà, credenti di ogni religione e «non credenti» che, al di là di ogni diversità, scelgono di sognare e poi realizzare ciò che per molti rimane un'utopia: il diverso capito, l'altro come persona da amare, ogni uomo fratello; parole come infedele, nemico, io, mio... cancellate dalla bontà che disarma.

Alcune pagine possono ispirare uomini e donne che vogliono spendere la loro vita per gli altri, perché sono i valori condivisi che avvicinano le persone e fanno cadere i pregiudizi. La condizione è accettare, rispettare, amare.

Per tentare di vivere lo spirito che anima queste pagine abbiamo dovuto abbattere tanti recinti che ci davano sicurezza, abbiamo cercato di condividerlo non solo con i «nostri», ma anche con gli «altri». Accogliendo il diverso, il carcerato, l'intoccabile, il nero e il bianco, il giovane e il malato, incontrando uomini e donne di buona volontà di tutti gli schieramenti, abbiamo scoperto che è possibile camminare insieme, ma il nostro linguaggio deve diventare silenzio per lasciar parlare i fatti.

Le pagine di questa Regola sono accompagnate dai disegni semplici e immediati di dom Luciano Mendes de Almeida, un gigante della storia che ha conosciuto da vicino la nostra Fraternità, l'ha amata e con il suo esempio l'ha aiutata a crescere.

La Regola del Sì

Dedicato
a chi ha detto con gioia il suo sì.
A chi con il suo sì
ha portato la primavera
anche nell'inverno.
A chi dicendo sì ha fatto avanzare
il bene comune
nella politica, nell'economia,
nella ricerca scientifica...
A chi ha detto sì
con il dolore nel cuore.

Rileggendo la nostra storia

Sono in Brasile con dom Luciano Mendes de Almeida, vescovo di Mariana (Brasile), che rappresenta un incontro pilotato da Dio; è un uomo che conta nella mia vita e con immenso stupore penso di contare anch'io nella sua. L'incontro questa volta ha uno scopo. Voglio chiedergli di scrivere la Regola del Sermig che da tempo e da più parti mi viene richiesta. Lui ascolta attentamente e prontamente mi risponde: «E no, la Regola la scrive il fondatore! Il Signore ha fatto a te il dono di questo carisma. Devi scriverla tu».

Sono emozionato, non so cosa sarò capace di fare, ma accetto pensando al bene che ho ricevuto ogni volta che ho accolto i suoi consigli.

Cerco la chiave del nostro cammino, delle nostre attività, della nostra fedeltà di questi anni. Non è difficile. La chiave è Gesù, l'incontro fondamentale della mia vita, il senso di tutto, sempre. Dal momento del primo incontro, la sua Parola è diventata una parola per me, una parola difficile ma non impossibile da vivere. Quando Lui dice: «Se non ritornerete come bambini», è per me e ci credo.

Quando ci insegna a pregare: «Padre Nostro», credo veramente che noi tutti siamo figli di Dio e fratelli tra noi.

Quando raccomanda: «Pregate incessantemente», quell'incessantemente è diventato come il mio respiro.

O se dice: «Amate i nemici», non considero queste parole una semplice esortazione, ma un imperativo per me.

Ho capito che mi sono innamorato di Gesù. Non ho costruito sulla sabbia, ho costruito con Lui. Questa è stata la mia vita, con gli alti e i bassi, come la vita di tutti, ma il mio amore a Gesù è rimasto costante. Tutto quello che mi è venuto incontro non

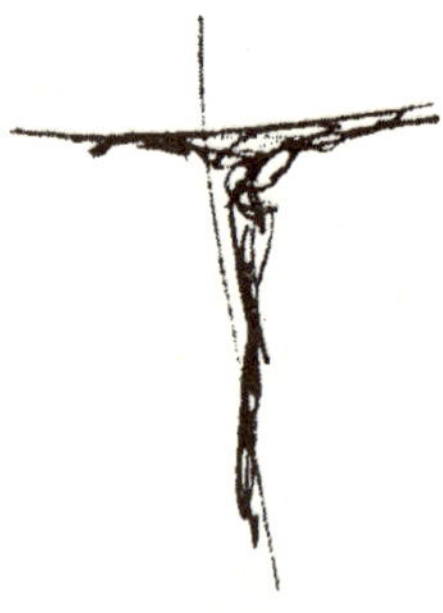

l'ho affrontato secondo la mia mentalità, ma secondo Gesù che avevo incontrato.

Con questa chiave ho iniziato la preghiera, la riflessione e ho lasciato liberi la mente e il cuore per scrivere questa «Regola non regola».

Regola che nasce da una storia. Siamo nati il 24 maggio del 1964, in un'epoca di violenta contestazione.

Un'epoca in cui per essere veramente cristiani occorreva rivendicare, condannare, schierarsi secondo un'ideologia. Ma noi volevamo restare «attaccati a Gesù», il Figlio di Dio che ha parole di vita eterna, Colui che dice: «I cieli e la terra passeranno, ma le mie parole non passeranno», Colui che rassicura: «Le forze del male non prevarranno».

Siamo rimasti attaccati a Lui per lottare contro la fame, contro le ingiustizie che causano la miseria; e soprattutto per lottare contro il peccato in tutte le sue espressioni di orgoglio e di egoismo, di odio e di violenza.

È iniziato così un cammino che ha messo in gioco noi stessi, il nostro tempo, la nostra intelligenza, i nostri beni materiali e spirituali.

Sofferenze e prove indicibili ci hanno fatto scoprire il silenzio, la forza di essere disarmati.

Abbiamo cercato di capire cosa significa amare i nemici e ci siamo accorti che, a volte, è più difficile ancora amare coloro che dovrebbero essere amici. In quel momento abbiamo sentito tutta la nostra fragilità.

Abbiamo messo il nostro essere giovani al primo posto nel progetto di vita che stava prendendo corpo, per formare noi stessi e trasformarci in comunità. Gesù è diventato il nostro Tutto, il nostro Gesù.

È nata così la voglia di essere con i giovani, per loro. E con loro per i più poveri, non solo quelli lontani, ma per i poveri di casa nostra: italiani e stranieri, carcerati e vittime della tratta, malati e anziani, rifugiati politici e senzatetto, madri sole con i loro bambini, bambini e giovani diversamente abili...

Questi amici ci hanno educato a capire che restando attaccati a Gesù, come il tralcio alla vite, nulla è impossibile.

La povertà di mezzi e di risorse nella quale ci siamo trovati con l'arrivo dell'Arsenale, il 2 agosto 1983 a Torino, ci ha fatto scoprire che la sproporzione è il terreno della Provvidenza.

E in tutto ne abbiamo sperimentato il sostegno. Nel tempo abbiamo cominciato a pensare che dovevamo dare la vita con un sì totale e senza condizioni. Con la determinazione di un maratoneta, la fiducia di un sognatore, la semplicità sorridente di un bambino.

Ci siamo ritrovati così ad essere nel seno della Chiesa una fraternità – la Fraternità della Speranza – senza abbandonare il nome delle nostre origini, Sermig, ora pieno di significato: Servizio Missionario Giovani.

In tutti questi anni Maria ci ha avvolti con la sua tenerezza.

È Lei che ci ha portati a suo figlio Gesù, Signore della nostra vita, svelandoci la paternità di Dio e la potenza dello Spirito Santo.

È Maria che ora mi guida a tracciare le linee di una regola di vita che possa dare solidità e futuro a questa avventura, una regola che inviti a pronunciare con gioia, proprio come Lei: «Sì, Signore». È a Lei che dedico questa avventura, perché la protegga e l'aiuti ad essere sempre e per sempre solamente opera di Dio.

Il grazie a Maria si fa riconoscenza anche verso alcuni santi che hanno lasciato il segno nella nostra storia. Per primi, san Giuseppe, patrono della Chiesa, san Benedetto, patrono d'Europa, san Francesco e santa Chiara d'Assisi, san Pietro Celestino V, san Leopoldo Mandic, san Giuseppe Cottolengo, san Giovanni Bosco, santa Teresa del Bambino Gesù, sant'Ignazio di Loyola, san Bernardo di Chiaravalle, beato Pier Giorgio Frassati.

E poi molti altri che più recentemente ci hanno aiutato con la loro santità: padre Michele Pellegrino, Madre Teresa, Annalena Tonelli, padre Paolo Melzani, padre Pio da Pietrelcina, Maria Teresa, Benigno Zaccagnini, Paolo VI, Giorgio La Pira, Giuseppe Dossetti, Fioretta Mazzei, dom Helder Camara, Raoul Follereau, François-Xavier Van Thuân, frère Roger Schutz, Lia Varesio, Chiara Lubich, Romeo, Giorgio Ceragioli, Sandro Pertini, Franco...

Con i santi, anche gli arcangeli Michele, Gabriele, Raffaele e i nostri angeli custodi.

São Paulo, 6 agosto 1996
Festa della Trasfigurazione del Signore

Pilastri di una nuova fondazione

La Regola è il racconto della nostra storia spirituale, le nostre gioie, i nostri dolori. Tutto è avvenuto grazie a Dio, grazie a tanti che ci hanno dato fiducia, ci hanno fatto sentire che Dio è amore e continua a scommettere su persone semplicemente disponibili che gli dicono di sì.

È per un'esigenza d'amore e di gratitudine che in queste pagine voglio ricordare Giovanni Paolo II, dono dello Spirito per il nostro tempo. Egli ci ha accompagnato per tutto il suo pontificato con la sua amicizia, ha confermato il nostro cammino e benedetto la Fraternità. Il 14 gennaio 2004 gli ho donato la prima copia della Regola, come segno di fedeltà alla Chiesa. E lui, con mio grande stupore ed

emozione, il 31 gennaio durante l'incontro «La pace vincerà se dialoghiamo», nell'Aula Paolo VI, me l'ha restituita con la sua firma autografa, apposta sulla prima pagina.

Dopo la morte improvvisa di Maria Teresa Canavese, nella nostra Fraternità in Terra Santa di Giordania, ho aggiunto alcune parole al capitolo *Il tempo della fragilità*. Con il suo sì ci ha insegnato che in ogni età della vita ci si può donare con gioia al Signore, ci ha fatto capire che cielo e terra sono uniti e vivono in comunione nell'amore.

Lo stesso amore mi spinge a ricordare dom Luciano Mendes de Almeida, vero padre e maestro di vita:

Caro dom Luciano,
sei partito per il Cielo
il 27 agosto del 2006.
Troppo in fretta,
secondo me, secondo tanti.
Ma non secondo Dio,
che è Padre e fa tutto per il bene.
Tu, dom Luciano,
non hai mai cercato onore e primi posti,
e il potere che ti è stato affidato

non l'hai usato per te,
ma solo per servire.
Per la grazia di averti conosciuto
e più ancora per quella
di esserci incontrati nel cuore,
dove solo il vero bene ha spazio,
ho toccato con mano in te
quello che credevo impossibile:
una santità normale, feriale,
ventiquattr'ore su ventiquattro.
Tu ci hai amato da subito,
ci hai benedetto mille volte,
ci hai sostenuto,
a parole e coi fatti.
E noi, grazie a te,
siamo entrati più decisamente
nel progetto di Dio.
E da subito, con te,
ci siamo sentiti speciali:
«Eravamo amati da dom Luciano,
forse i prediletti».
Lo so che continuerai ad amarci:
anche fra mille anni,
se Dio darà tanta vita al Sermig,
tu ci amerai ancora,
veramente e discretamente.
Dom Luciano,
questa nostra Regola è tua,
la vivevi con noi.

A te la dedico, a te dedico il Sermig,
e ogni nostro sforzo.
E ti ripeto ancora
e ancora e ancora
chiedendo che la nostra voce
ti accompagni:
ti voglio bene, dom Luciano!
Dom Luciano, ti vogliamo bene!
E so che anche tu
continuerai a dirmi:
«Ernesto, ti voglio bene!
Ernesto, vi voglio bene!».

Torino, 8 dicembre 2006
Festa dell'Immacolata Concezione di Maria

Dio è buon e Padre
mi affido a Lui, alla Madonna
e chiedo — a volontà di Dio
il miracolo per D. Vittoso
per mezzo della Madonna
3.08.07 + Luciano

Le ultime parole scritte da dom Luciano sono la sintesi della sua vita: amare Dio e Maria, non chiedere nulla per sé, ma per gli altri.

La gioia di rispondere sì

Benvenuto a casa tua

Amico caro, amica cara,
se vuoi accogliere il Vangelo
nella sua interezza,
se cerchi nella presenza di Dio
una spiritualità che ti avvolga totalmente,
se senti di donare la tua vita
senza condizioni
a Dio e ai fratelli,
se credi nella speranza,
benvenuto, benvenuta.
La Fraternità ti accoglie
e ti offre un impegno
che può coinvolgere tutta la tua vita.
Un impegno tanto più leggero
quanto più semplice e sorridente
sarà l'animo con il quale saprai accoglierlo.
Non troverai in queste pagine
un programma

con norme e regole cui adeguarti,
ma una mentalità per crescere nell'amore,
cioè nel dono di te.
Ti chiediamo
di essere e restare innamorato di Gesù
tutta la vita,
di permettere allo Spirito
di aprirti alla realtà della Presenza,
di entrare nei pensieri di Dio
per essere donna e uomo di speranza.
Maria con la sua tenerezza
ti sarà sempre accanto.

«Gesù allora si voltò e, vedendo che lo seguivano, disse: "Che cercate?". Gli risposero: "Rabbì (che significa maestro), dove abiti?". Disse loro: "Venite e vedrete..."» (Gv 1,38-39).

Lo spirito che ci guida

Amare con il cuore di Dio
Ricambiare il male con il bene
La bontà che disarma
L'imprevisto accolto
Il diverso capito
Il sì come Maria, senza condizioni
Liberi di dire sì
Liberi di stare insieme
La gioia della restituzione
Le gocce che diventano mare
I piccoli che fanno cose piccole
I piccoli che fanno cose grandi
Una famiglia che accoglie
Il silenzio che parla
La forza della preghiera
L'impossibile cancellato nella fede
L'umiltà che costruisce
Il problema dell'altro che diventa mio
L'io che è già noi

Condividere la gioia e il dolore
Portare i pesi gli uni degli altri
Il bene fatto bene
Il valore di un minuto
L'impegno per la pace
La certezza della speranza
Amare la vita
Poveri, ma ricchi di Dio
Amici di Gesù nel suo Spirito
alla presenza del Padre.

> «Non fare a nessuno ciò che non piace a te. Da' il tuo pane a chi ha fame e fa' parte dei tuoi vestiti agli ignudi. Chiedi il parere ad ogni persona che sia saggia e non disprezzare nessun buon consiglio.
> In ogni circostanza benedici il Signore e domanda che ti sia guida nelle tue vie e che i tuoi sentieri e i tuoi desideri giungano a buon fine» (Tb 4,15a-16a.18-19a).

Ogni giorno, insieme ad una pagina della Regola, cerchiamo di vivere uno di questi impegni come riferimento per la giornata.

Il Vangelo nostra regola

Il Vangelo è la nostra regola di vita
perché ci comunica Gesù.
Impariamo così a pregare
come pregava Lui,
ad operare come Lui operava,
ad avere i suoi stessi sentimenti.
Gesù è il Signore della nostra vita
e noi cerchiamo di trasformare
la nostra vita nella sua.
Quando Gesù fa un dono,
ne fa la sua meraviglia
e dà la grazia per viverlo sempre.
Tutte le parole del Vangelo
sono parole scritte per noi,
possibili da vivere,
altrimenti non le avrebbe pronunciate.
La Parola rinnova ogni giorno
l'eternità dell'incontro
con Gesù, il Figlio di Dio.

La Parola colma la nostra povertà,
e l'«assurdità» delle beatitudini,
il porgere l'altra guancia, il perdono
diventano possibili.
Da soli non ce la faremo mai,
ma Lui si fa vicino a noi
e attraverso noi
diventa il Presente, oggi, nella storia.

«Rimanete in me e io in voi. Come il tralcio non può far frutto da se stesso se non rimane nella vite, così anche voi se non rimanete in me. Io sono la vite, voi i tralci. Chi rimane in me e io in lui, fa molto frutto, perché senza di me non potete far nulla. Se rimanete in me e le mie parole rimangono in voi, chiedete quel che volete e vi sarà dato. In questo è glorificato il Padre mio: che portiate molto frutto e diventiate miei discepoli» (Gv 15,4-5.7-8).

«Abbiate in voi gli stessi sentimenti che furono in Cristo Gesù» (Fil 2,5).

Parola e presenza di Dio

Come la pioggia e la neve
che scendono dal cielo
non vi ritornano
senza aver fecondato la terra, così la Parola
feconda la nostra vita quotidiana.
È attraverso la Parola
che il Padre rinnova con noi la creazione.
È attraverso la Parola che Gesù vive in noi.
È attraverso la Parola che lo Spirito ci parla.
La Parola ci immerge in una Presenza,
la presenza di Dio Padre, Figlio
e Spirito Santo.
La presenza di Dio è la verità che ci avvolge.
Qualunque cosa facciamo,
in tutte le stagioni della nostra vita,
Dio è dentro di noi e opera con noi.
Chi è alla presenza di Dio sa inginocchiarsi
per riprendersi la purezza.

Chi prega molto ama la povertà.
Chi ha fatto di Dio la sua logica
conosce, amandoLo, il valore dell'obbedienza.

«Come infatti la pioggia e la neve scendono dal cielo e non vi ritornano senza avere irrigato la terra, senza averla fecondata e fatta germogliare, perché dia il seme al seminatore e pane da mangiare, così sarà della parola uscita dalla mia bocca: non ritornerà a me senza effetto, senza aver operato ciò che desidero e senza aver compiuto ciò per cui l'ho mandata» (Is 55,10-11).

«"Il seminatore uscì a seminare la sua semente. Mentre seminava, parte cadde lungo la strada e fu calpestata, e gli uccelli del cielo la divorarono. Un'altra parte cadde sulla pietra e appena germogliata inaridì per mancanza di umidità. Un'altra cadde in mezzo alle spine e le spine, cresciute insieme con essa, la soffocarono. Un'altra cadde sulla terra buona, germogliò e fruttò cento volte tanto". Detto questo, esclamò: "Chi ha orecchi per intendere, intenda!"» (Lc 8,5-8).

La preghiera
realtà della Presenza

La nostra vita ha preso
la strada del Signore
quando abbiamo incontrato
la preghiera
e per prima cosa abbiamo capito
che non sapevamo pregare.
Da quel momento abbiamo desiderato
con tutto il nostro cuore,
con tutta la nostra mente,
con tutte le nostre forze,
imparare a pregare
e la bontà del Signore ci è venuta incontro.
Pregare è restituire il tempo a Dio,
desiderare che Lui abiti nel nostro cuore,
pensare e volere ciò che a Lui piace.
Ci nutriamo ogni giorno della sua Parola
e la portiamo sempre con noi.
L'Eucaristia ci dà la grazia di cibarci di Gesù.

La Liturgia delle Ore ci immerge pienamente
nella comunione dei santi.
Il Rosario è il nostro affidarci a Maria,
alla sua tenerezza, alla sua maternità.
Ravviviamo così in noi
la presenza di Dio Padre,
Figlio e Spirito Santo.
Lo guardiamo e ci sentiamo guardati da Lui.
Maciniamo continuamente la sua lode:
«Sei buono Signore,
usami, aiutami, misericordia, misericordia».
Così la nostra giornata
è segnata dalle ore di preghiera
che si intrecciano con la vita:
pregare e agire, pregare e amare,
pregare e tacere,
pregare e operare, pregare e ascoltare.
Altre presenze ci aiutano
a tenere viva la preghiera:
quella degli angeli, dei santi protettori,
di tanti amici buoni che in terra e in cielo
continuano a pregare con noi e per noi.

«Gli rispose Gesù: "Se uno mi ama, osserverà la mia parola e il Padre mio lo amerà e noi verremo a lui e prenderemo dimora presso di lui"» (Gv 14,23).

«Io vi dico: "Chiedete e vi sarà dato, cercate e troverete, bussate e vi sarà aperto"» (Lc 11,9).

Il dono della speranza

Il dono particolare
che il Signore ci ha fatto,
essere speranza per gli uomini
del nostro tempo,
si radica in noi
nella misura in cui ci svuotiamo di noi stessi
e ci riempiamo della presenza di Dio:
il Padre che ci ama costantemente,
il Figlio che ci comunica la sua Parola,
lo Spirito Santo che ci sospinge
verso strade e fatti nuovi.
Comunichiamo speranza,
aiutiamo l'uomo del nostro tempo
a «tirar fuori» la speranza assopita,
se ci riconosciamo abitati da Dio,
liberi da ogni spirito di giudizio,
da ogni rancore, da ogni rivalità,
se impariamo a vivere

secondo le beatitudini evangeliche:
puri di cuore, miti, poveri,
pacificati e pacificatori.

«Alzati gli occhi verso i suoi discepoli, Gesù diceva: "Beati voi poveri, perché vostro è il regno di Dio. Beati voi che ora avete fame, perché sarete saziati. Beati voi che ora piangete, perché riderete. Beati voi quando gli uomini vi odieranno e quando vi metteranno al bando e v'insulteranno e respingeranno il vostro nome come scellerato, a causa del Figlio dell'uomo. Rallegratevi in quel giorno ed esultate, perché, ecco, la vostra ricompensa è grande nei cieli. Allo stesso modo infatti facevano i loro padri con i profeti"» (Lc 6,20-23).

«Adorate il Signore, Cristo, nei vostri cuori, pronti sempre a rispondere a chiunque vi domandi ragione della speranza che è in voi» (1 Pt 3,15).

Fraternità nella Chiesa

Se vuoi vivere in questa Fraternità
i doni del tuo battesimo,
scegli di essere nella Chiesa
non come in una struttura,
ma come in una Presenza,
la presenza di Gesù,
aderendo a Lui con amore,
muovendoti come un figlio e un fratello
in questa sua presenza.
È una presenza
a volte difficile da riconoscere,
faticosa da vivere,
al limite dell'impossibile,
ma è reale.
Gesù l'ha voluta
per aprirci la strada del Regno
e per annunciare a tutti la lieta novella
dei «cieli nuovi e terra nuova».

Di fronte ai dubbi che ci assalgono
mettiamoci in ginocchio e,
pregando incessantemente,
chiediamo allo Spirito Santo
di saper discernere il bene dal male,
per fare la volontà di Dio
senza venir meno alla fedeltà.

«Da questo tutti sapranno che siete miei discepoli, se avrete amore gli uni per gli altri» (Gv 13,35).

«La moltitudine di coloro che erano venuti alla fede aveva un cuore solo e un'anima sola e nessuno diceva sua proprietà quello che gli apparteneva, ma ogni cosa era fra loro comune» (At 4,32).

Fraternità della Speranza

Avvicinandoti a noi
troverai giovani,
coppie di sposi e famiglie,
donne e uomini consacrati a Dio,
che vivono insieme la Fraternità
e il suo carisma.
Tra noi siamo diversi
per età e per stato di vita,
ma tutti affidiamo totalmente
la nostra vita a Dio
seguendo Gesù con piena fedeltà,
chi nel vincolo del matrimonio,
chi con una speciale consacrazione,
chi nel sacerdozio ministeriale,
e ci impegniamo ad imitarLo
nella povertà, nella castità, nell'obbedienza.
Siamo nel mondo
con il cuore abitato da Dio.

Viviamo tutti del nostro lavoro
rispettando la chiamata di ognuno;
sappiamo tutti, e ce ne rallegriamo,
che nulla ci appartiene
e tutto ci è dato
per essere condiviso e restituito.
Abbiamo in comune il tempo della preghiera,
del servizio, del lavoro,
della formazione permanente
e l'impegno di non trascurarli mai.
Riconosciamo la Parola
e il Magistero della Chiesa
come il nostro fondamento
perché ci aiutano a vivere nel mondo
senza essere del mondo.
Non ricerchiamo potere e privilegi,
siamo a servizio con umiltà
sapendo stare all'ultimo posto come al primo.
Cerchiamo di far incontrare Dio
ad ogni persona che ci avvicina,
in ogni momento,
con un comportamento buono,
modesto, nascosto.

Persone povere e buone,
semplici e sincere,
persone che tentano di essere
un pezzo di pane che tutti possono mangiare,
persone che non ostentano il loro Signore
ma Lo vivono.
Accogliamo con gioia i talenti
di cui il Signore ci ha arricchiti
mettendoli a servizio gratuitamente
dove ci è richiesto.
Tra noi ci chiamiamo «amici»,
ricordando la parola di Gesù
che ai suoi ha detto:
«Non vi chiamo più servi, ma amici».

«E gli disse: "Seguimi". Egli, alzatosi, lo seguì» (Mc 2,14).

«Non vi chiamo più servi, perché il servo non sa quello che fa il suo padrone; ma vi ho chiamati amici, perché tutto ciò che ho udito dal Padre l'ho fatto conoscere a voi» (Gv 15,15).

«Venite a me, voi tutti, che siete affaticati e oppressi, e io vi ristorerò. Prendete il mio giogo sopra di voi e imparate da me, che sono mite e umile di cuore, e troverete ristoro per le vostre anime. Il mio giogo infatti è dolce e il mio carico leggero» (Mt 11,28-30).

«Dopo molto tempo il padrone di quei servi tornò, e volle regolare i conti con loro. Colui che aveva ricevuto cinque talenti, ne presentò altri cinque, dicendo: Signore, mi hai consegnato cinque talenti; ecco, ne ho guadagnati altri cinque. Bene, servo buono e fedele, gli disse il suo padrone, sei stato fedele nel poco, ti darò autorità su molto; prendi parte alla gioia del tuo padrone» (Mt 25,19-21).

«Vedendo le folle ne sentì compassione, perché erano stanche e sfinite, come pecore senza pastore» (Mt 9,36).

«Signore, da chi andremo? Tu hai parole di vita eterna» (Gv 6,68).

La vita restituita

La scelta di essere nella Fraternità
con una speciale consacrazione a Dio
può assumere forme
diverse per ognuno,
attraverso l'impegno dei consigli evangelici.
Quanti si sentono chiamati
alla vita consacrata,
dopo un tempo di discernimento,
vivono in fraternità,
distinti in due specifiche famiglie,
maschile e femminile.
La loro preparazione
dura almeno sei anni,
durante i quali essi si dedicano allo studio
della Sacra Scrittura e della Teologia;
vivono del loro lavoro
svolto all'Arsenale o fuori.
Tutti cercano l'umile santità dell'amore.

Tutti cercano l'obbedienza
per imparare a vivere
secondo la logica di Dio.
In casi particolari,
secondo il mandato dei responsabili,
alcuni possono vivere la loro consacrazione
in famiglia.
All'interno della Fraternità maschile
quanti sono chiamati al sacerdozio,
dopo i previsti studi teologici,
chiedono di essere ordinati
a servizio della Fraternità
e del suo specifico carisma.
La Fraternità è il luogo
dove il sì è detto per sempre,
e il sì vero si fa possibile
per la presenza del Signore.

«Chiunque avrà lasciato case, o fratelli, o sorelle, o padre, o madre, o figli, o campi per il mio nome, riceverà cento volte tanto e avrà in eredità la vita eterna» (Mt 19,29).

Famiglie

I cristiani della prima comunità
erano un cuore solo e un'anima sola,
cristiani da ventiquattr'ore
su ventiquattro,
uniti nell'Eucaristia, nella preghiera,
nella condivisione.
In un tempo in cui molti hanno perso
la gioia di essere cristiani,
il Signore ci domanda con forza
di tornare ad esserlo a tempo pieno.
L'amore che unisce
quanti di noi sono sposati,
l'amore che ci rende padri e madri,
ci spinge ad abbracciare
la vita della Fraternità,
a dire un sì totale, senza condizioni,
a vivere le beatitudini.
Ci impegna a far fruttare
i doni che il Signore ci ha fatto

e ad assumerci le responsabilità
che ci ha affidato.
Le famiglie della Fraternità
vivono nelle loro case e del loro lavoro
per essere testimoni del Signore nel mondo.
Possono impegnarsi nella Fraternità
a tempo pieno
nel rispetto dei tempi di crescita
e delle necessità delle famiglie,
specialmente dei bambini.
Testimoniano con la loro vita
che la prima comunità cristiana
non è un'utopia.

«Erano assidui nell'ascoltare l'insegnamento degli apostoli e nell'unione fraterna, nella frazione del pane e nelle preghiere. Un senso di timore era in tutti e prodigi e segni avvenivano per opera degli apostoli. Tutti coloro che erano diventati credenti stavano insieme e tenevano ogni cosa in comune; chi aveva proprietà e sostanze le vendeva e ne faceva parte a tutti, secondo il bisogno di ciascuno. Ogni giorno tutti insieme frequentavano il tempio e spezzavano il pane a casa prendendo i pasti con letizia e semplicità di cuore, lodando Dio e godendo la simpatia di tutto il popolo. Intanto il Signore ogni giorno aggiungeva alla comunità quelli che erano salvati» (At 2,42-48).

Formazione permanente

Chi entra nella Fraternità
si prepara a dire
un «sì totale senza condizioni»
a Dio, al suo amore,
per diventare strumento
della sua volontà.
Occorrono anni per preparare
questo sì definitivo,
ma ciò che conta è che ognuno
sia consapevole
di entrare in un cammino di formazione,
personale e comunitario,
che durerà tutta la vita;
sia consapevole
che solo uno sviluppo armonioso
del corpo, del cuore, della mente
potrà renderci docili strumenti
nelle mani di Dio.

Gli amici della Fraternità
hanno uno spazio privilegiato
per i loro incontri, la preghiera personale,
lo studio e la meditazione della Parola,
la preghiera liturgica, l'Eucaristia.
Cercano sempre il confronto
con donne e uomini di Dio,
accompagnatori spirituali,
maestri provati dal tempo,
dalla vita e dal silenzio,
capaci di riconoscere
l'azione della grazia
e di suggerire come collaborare con essa.
Si confrontano costantemente
anche con il «mondo della buona volontà»,
quel mondo che spesso crede di non credere
ma che nel suo rigore di pensiero
ha sempre dialogato con noi
e spesso ci ha regalato squarci di sapienza
per discernere i segni dei tempi.
Questa apertura
è una condizione indispensabile
perché l'abitudine
non uccida mai carisma e vocazione.

«Allora Maria disse: "Eccomi, sono la serva del Signore, avvenga di me quello che hai detto". E l'angelo partì da lei» (Lc 1,38).

«Prendete il mio giogo sopra di voi e imparate da me, che sono mite e umile di cuore, e troverete ristoro per le vostre anime» (Mt 11,29).

«Se vedi una persona saggia, va' presto da lei; il tuo piede logori i gradini della sua porta» (Sir 6,36).

Non è l'abito che ci distingue

Il nostro abito, semplice e dignitoso,
abito di tutti i giorni,
abito di chi non si risparmia,
è adeguato al tempo e al luogo
in cui viviamo.
Non è l'abito a dire
la nostra appartenenza a Dio
ma la bontà, il volerci bene,
lo stimarci tra noi,
il riconoscere l'altro migliore.
Se saremo abitati da Dio
e Lo ameremo con tutto il nostro cuore,
con tutte le nostre forze,
con tutta la nostra debolezza,
saremo rivestiti di Lui
ed avremo il suo profumo.

La croce che portiamo al collo
si ispira a croci dei primi secoli cristiani
ritrovate in una miniera di rame in Giordania,
croci che uomini e donne,
prigionieri per la fede,
sfruttati come schiavi,
forgiavano con le proprie mani
nell'amore per Cristo.
Questa croce
specchiandosi in quella di Gesù
fa memoria
della sofferenza e del dolore
di tutti gli uomini di buona volontà,
credenti e non credenti
di ogni epoca e di ogni parte del mondo,
schiavi, deportati, internati, torturati, uccisi
per un ideale,
per la loro fede,
nei forni crematori, nei gulag,
nelle foibe, nei campi di sterminio
o solamente disprezzati
nelle loro case, nelle loro città.
Ci ricorda
il cuore della nostra Regola,
«Amati, amiamo»:
Gesù ci ha amati per primo
con la sua vita e fino alla morte.

Su questa croce c'è l'impronta
della sua resurrezione,
c'è sua Madre, Madre nostra
che fino in fondo ama suo Figlio,
che fino in fondo non Lo abbandona
e non abbandona nessuno di noi.

Portare questa croce
è dire la nostra appartenenza
al Signore e alla sua Chiesa;
ci ricorda il nostro sì totale
e la missione che il Signore ci ha affidato:
trasmettere speranza a chi soffre,
a chi ha fame di affetto,
di pane e di giustizia;
formare e «riparare» i giovani nel bene.

> «Osservate come crescono i gigli del campo: non lavorano e non filano. Eppure io vi dico che neanche Salomone, con tutta la sua gloria, vestiva come uno di loro» (Mt 6,28b-29).
>
> «Rivestitevi del Signore Gesù Cristo e non seguite la carne nei suoi desideri» (Rm 13,14).
>
> «Noi predichiamo Cristo crocifisso, scandalo per i Giudei, stoltezza per i pagani» (1 Cor 1,23).

Arsenali

«Forgeranno le loro spade
in vomeri...
non si eserciteranno più
nell'arte della guerra».
La Provvidenza ci ha permesso
di trasformare
un Arsenale di guerra
in una casa a servizio della pace.
In ogni parte del mondo
dove il Signore ci invia,
le nostre case assomigliano
alla prima fondata a Torino.
Sono luoghi ristrutturati
con il lavoro di tanti,
accoglienti ma sobri,
curati ed abbelliti da opere d'arte
per offrire a tutti, anche ai più miseri,
la possibilità di venire a contatto
con ciò che è bello.

Sono «*monasteri*» nelle grandi città,
luoghi di fraternità e di ricerca di Dio,
punti di ristoro come gli antichi monasteri.
Sono abitazione
delle sorelle e dei fratelli
che hanno scelto la vita comune;
luoghi dove essi vivono
la presenza del loro Signore
ventiquattr'ore su ventiquattro,
disponibili ad accogliere chiunque,
in qualsiasi ora del giorno o della notte.
Vi trovano posto le carità
più urgenti e necessarie,
ma soprattutto sono aperti all'incontro
con chiunque voglia ricercare
il senso della sua vita.
Sono in particolare case per i giovani,
gli uomini e le donne di domani,
che più di tutti portano le ferite
delle povertà del nostro tempo.
Avremo anche eremi di silenzio
in luoghi appartati,
collegati con gli Arsenali nelle città,
aperti a quanti vorranno vivere
periodi di solitudine.

«Ecco, faccio una cosa nuova: proprio ora germoglia, non ve ne accorgete?» (Is 43,19).

«Egli sarà giudice fra le genti e sarà arbitro fra molti popoli. Forgeranno le loro spade in vomeri, le loro lance in falci; un popolo non alzerà più la spada contro un altro popolo, non si eserciteranno più nell'arte della guerra» (Is 2,4).

«E la pace di Cristo regni nei vostri cuori, perché ad essa siete stati chiamati in un solo corpo. E siate riconoscenti!» (Col 3,15).

Attenti ai segni dei tempi

La profezia che il Signore
ci ha regalato
dà frutto oggi, domani, sempre
se siamo fedeli, poveri, umili, disponibili,
se siamo donne e uomini di preghiera.
Siamo una profezia
se ci lasciamo interpellare
dai segni dei tempi,
se siamo attenti alle esigenze
di chi ci avvicina,
se cerchiamo di mettere l'altro
al primo posto.

Teniamo sempre aperta
la porta dei nostri Arsenali
per comunicare speranza al viandante,
accoglierlo, ascoltarlo, fasciarlo.
Sperimentiamo sempre,
come fosse la prima volta,
la commozione di sentirci spinti
a soccorrere gli altri
prima che pensare a noi.
Prima gli altri poi noi
è la chiave per comunicare
non a parole ma con i fatti
l'amore di cui ognuno è avvolto
e aprire i cuori alla speranza.

> «I farisei e i sadducei si avvicinarono per metterlo alla prova e gli chiesero che mostrasse loro un segno dal cielo. Ma egli rispose: "Quando si fa sera, voi dite: Bel tempo, perché il cielo rosseggia; e al mattino: Oggi burrasca, perché il cielo è rosso cupo. Sapete dunque interpretare l'aspetto del cielo e non sapete distinguere i segni dei tempi? Una generazione perversa e adultera cerca un segno, ma nessun segno le sarà dato se non il segno di Giona"» (Mt 16,1-4).

Amati, amiamo

La prima comunità cristiana,
benvoluta da tutti,
aveva Gesù al centro della propria vita.
Quando l'incontro con Gesù
diventa incontro «a tu per tu»,
i nostri occhi vedono con i suoi occhi,
il suo cuore diventa il nostro
e così anche il suo amore.
Dio è amore
e noi possiamo essere suo riflesso
perché abitati da Lui,
perché Lo scegliamo con tutto il cuore,
con tutte le forze, specialmente
quando ci sentiamo poveri, peccatori,
non compresi o scartati,
quando nessuno
si ricorda di noi.

Gesù ci ha amati per primo,
ci ha amati fino alla croce,
mistero d'amore che sconfigge il male.
Amati, amiamo.
Ci inginocchiamo davanti all'uomo solo,
povero, sofferente, oppresso,
per amarlo con il cuore paterno
e materno di Dio,
per accompagnarlo, se lo desidera,
verso l'incontro con il suo amore.

«Noi amiamo, perché egli ci ha amati per primo» (1 Gv 4,19).

«Carissimi, amiamoci gli uni gli altri, perché l'amore è da Dio: chiunque ama è generato da Dio e conosce Dio. Chi non ama non ha conosciuto Dio, perché Dio è amore. In questo si è manifestato l'amore di Dio per noi: Dio ha mandato il suo unigenito Figlio nel mondo, perché noi avessimo la vita per lui. In questo sta l'amore: non siamo stati noi ad amare Dio, ma è lui che ha amato noi e ha mandato il suo Figlio come vittima di espiazione per i nostri peccati. Carissimi, se Dio ci ha amato, anche noi dobbiamo amarci gli uni gli altri» (1 Gv 4,7-11).

La bontà è disarmante

Impariamo a scegliere la bontà,
che disarma e porta a Dio.
La bontà è l'unica chiave per incontrare
e dialogare con l'uomo.
Non sono le rivendicazioni
a fare incontrare gli uomini,
ma è la bontà
che ci rende ricercatori di giustizia,
persone solidali.
I buoni non sono mai stranieri
in nessuna parte del mondo,
non sono estranei a nulla e a nessuno.
Solo i buoni possono indicare
una strada buona, soluzioni buone,
economia buona, politica buona,
potere buono a servizio del bene,
confini buoni, regole buone.
Possono essere il sale,

possono trasfigurare il mondo
perché sanno chiedere perdono a Dio
per il male fatto e sanno perdonare
perché Dio perdona loro.
I buoni possono l'impossibile,
possono desiderare che finalmente
pace e giustizia abitino insieme,
cementate dal perdono.
È vitale che i buoni
si riconoscano e si incontrino.
I buoni possono dire la verità nella carità,
scoprire ciò che unisce,
apprezzare il buono degli altri
e riconoscere che le divisioni di oggi
arrivano da errori, mancanza di carità,
incomprensioni, interessi e paure di ieri.
Testimoniano Gesù Cristo Figlio di Dio,
ricchezza di Dio Padre di tutti.

«Così risplenda la vostra luce davanti agli uomini, perché vedano le vostre opere buone e rendano gloria al vostro Padre che è nei cieli» (Mt 5,16).

«Esaminate ogni cosa, tenete ciò che è buono» (1 Ts 5,21).

Una famiglia che accoglie

Le nostre Fraternità
in ogni parte del mondo
sono aperte all'accoglienza
delle persone in necessità.
Non tutte hanno le stesse priorità,
ma tutte hanno una predilezione
per i bambini,
specialmente quelli che nessuno ama,
quelli che non si vogliono far nascere,
e per i giovani
verso i quali ci pieghiamo
sempre con amore.

Tutte le nostre Fraternità sono disponibili
ad aiutare donne e uomini
che sinceramente vogliano uscire
da qualsiasi situazione di degrado,
purché accettino una famiglia,
un metodo, una severità.
Tutte sono pronte ad accogliere
ogni uomo o donna
che fugga dal proprio Paese
per motivi politici, religiosi o di coscienza.

> «Allora il re dirà a quelli che stanno alla sua destra: Venite, benedetti del Padre mio, ricevete in eredità il regno preparato per voi fin dalla fondazione del mondo. Perché io ho avuto fame e mi avete dato da mangiare, ho avuto sete e mi avete dato da bere; ero forestiero e mi avete ospitato, nudo e mi avete vestito, malato e mi avete visitato, carcerato e siete venuti a trovarmi. Allora i giusti gli risponderanno: Signore, quando mai ti abbiamo veduto affamato e ti abbiamo dato da mangiare, assetato e ti abbiamo dato da bere? Quando ti abbiamo visto forestiero e ti abbiamo ospitato, o nudo e ti abbiamo vestito? E quando ti abbiamo visto ammalato o in carcere e siamo venuti a visitarti?
> Rispondendo, il re dirà loro: In verità vi dico: ogni volta che avete fatto queste cose a uno solo di questi miei fratelli più piccoli, l'avete fatto a me» (Mt 25,34-40).

«Ciascuno viva secondo la grazia ricevuta, mettendola a servizio degli altri, come buoni amministratori di una multiforme grazia di Dio» (1 Pt 4,10).

Accogliere con la compassione nel cuore

Il samaritano del Vangelo
è passato alla storia
come il samaritano buono.
È sceso da cavallo,
ha lasciato la sua sicurezza, si è commosso,
ha visto ciò che gli altri non avevano visto.
Desidero che le mie figlie, i miei figli
abbiano la commozione nel cuore sempre.
Desidero che scendiamo sempre dal cavallo
che di volta in volta ha un nome diverso:
la sicurezza di avere già fatto,
la sicurezza che tocca ad altri,
la sicurezza del non vedere.
Desidero che la compassione abiti
nel cuore mio e dei miei figli.
Se il cuore è chiuso, non c'è intelligenza
che ci possa aprire gli occhi.

Il compatire è sapersi mettere veramente
nei panni dell'altro,
il ferito, il deluso, il tradito...
con amore e responsabilità.
Noi desideriamo essere Gesù per l'altro.
E per tutti gli affaticati e oppressi
che incontriamo per la strada
noi siamo Gesù.

> «"Chi è il mio prossimo?". Gesù riprese: "Un uomo scendeva da Gerusalemme a Gerico e incappò nei briganti che lo spogliarono, lo percossero e poi se ne andarono, lasciandolo mezzo morto. Per caso, un sacerdote scendeva per quella medesima strada e quando lo vide passò oltre dall'altra parte. Anche un levita, giunto in quel luogo, lo vide e passò oltre. Invece un Samaritano, che era in viaggio, passandogli accanto lo vide e n'ebbe compassione. Gli si fece vicino, gli fasciò le ferite, versandovi olio e vino; poi, caricatolo sopra il suo giumento, lo portò a una locanda e si prese cura di lui. Il giorno seguente, estrasse due denari e li diede all'albergatore, dicendo: Abbi cura di lui e ciò che spenderai in più, te lo rifonderò al mio ritorno.

Chi di questi tre ti sembra sia stato il prossimo di colui che è incappato nei briganti?". Quegli rispose: "Chi ha avuto compassione di lui". Gesù gli disse: "Va' e anche tu fa' lo stesso"» (Lc 10,29-37).

Il tempo di Dio

«Ciascuno dia
secondo quanto ha deciso
nel suo cuore,
non con tristezza né per forza,
perché Dio ama chi dona con gioia»,
raccomanda san Paolo;
così anche noi entriamo lentamente,
gioiosamente,
rispettando le nostre possibilità umane,
nel tempo di Dio.
Un tempo senza orologio,
un tempo in cui l'altro che ci avvicina
non è mai un caso o un problema,
ma una persona che deve poter esprimere
il grido della sua disperazione,
il dramma del suo cuore,
l'intensità della sua ricerca.

I nostri Arsenali sono aperti
ventiquattr'ore al giorno,
tutti i giorni dell'anno,
perché l'amore di Dio,
che non ha né orari né giorni stabiliti,
possa esprimersi attraverso di noi.
Turni sapienti,
con tanti amici buoni e saggi,
fanno sempre più del nostro tempo
il tempo di Dio.

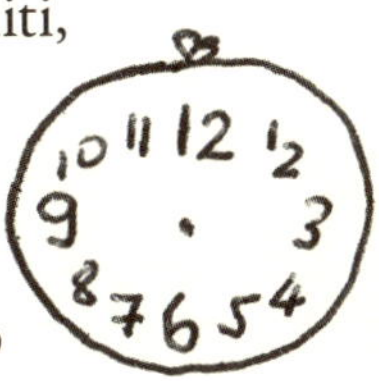

«Ciascuno dia secondo quanto ha deciso nel suo cuore, non con tristezza né per forza, perché Dio ama chi dona con gioia. Del resto, Dio ha potere di far abbondare in voi ogni grazia perché, avendo sempre il necessario in tutto, possiate compiere generosamente tutte le opere di bene, come sta scritto: *ha largheggiato, ha dato ai poveri; la sua giustizia dura in eterno.* Colui che somministra il seme al seminatore e il pane per il nutrimento, somministrerà e moltiplicherà anche la vostra semente e farà crescere i frutti della vostra giustizia. Così sarete ricchi per ogni generosità, la quale poi farà salire a Dio l'inno di ringraziamento per mezzo nostro» (2 Cor 9,7-11).

Restituirci ai fratelli

Preghiamo infinite volte
con le parole di Gesù:
«Padre Nostro...»
e quando «Nostro» ci entra nel cuore
realmente scopriamo la fratellanza
fra tutti gli uomini, figli dello stesso Padre.
La restituzione dei nostri beni,
delle nostre capacità,
del nostro tempo e di ogni nostra risorsa
all'umanità che geme
ne è la logica conseguenza.
Da sempre abbiamo nel cuore
le ingiustizie, la miseria, il sottosviluppo.
Abbiamo capito che per affrontare
questi problemi dilaganti
occorre che i beni dell'uomo
siano investiti in lavoro, educazione,
assistenza, sviluppo
anziché in armi, pornografia,

poteri televisivi, sfruttamento...
Questa riconversione a tutti i livelli
parte da noi,
dal nostro restituire noi stessi e i nostri beni,
dal diffondere questa mentalità
tra quanti possiamo raggiungere.
La restituzione diventa così
anche la nostra forma di finanziamento.
Ogni opera e ogni servizio ai più poveri
è frutto di restituzione nostra
e di tanti amici che ci vogliono bene.
Nel nostro sostentamento poi consumiamo
solo ciò che è necessario per vivere,
ricordando sempre
che chi non ha il necessario
maledice chi ha troppo.

«Pregando poi, non sprecate parole come i pagani, i quali credono di venire ascoltati a forza di parole. Non siate dunque come loro, perché il Padre vostro sa di quali cose avete bisogno ancor prima che gliele chiediate. Voi dunque pregate così: Padre nostro che sei nei cieli...» (Mt 6,7-13).

La Provvidenza agisce nella sproporzione

Il Signore esprime la sua potenza
quando trova
disponibilità e sincerità di cuore;
allora non teme la nostra debolezza,
la nostra fragilità
e ci rincuora: «Non temere, io sono con te».
Il suo campo è la sproporzione.
Lì agisce pienamente la sua Provvidenza.
Ogni giorno sperimentiamo
che la Provvidenza
risponde al nostro grido di aiuto,
per i mezzi materiali che non abbiamo,
per l'aiuto ai poveri che si rivolgono a noi,
per la presenza di amici disponibili.
Questo avviene con naturalezza,
nel silenzio, nel nascondimento,
come ogni frutto della preghiera
fatta con fede.

Quasi non ce ne accorgeremmo
se non annotassimo,
con discrezione ma puntualmente,
ogni cosa che ci viene donata:
il denaro, le ore di lavoro, i materiali
che ci vengono portati un chilo alla volta...
Lo facciamo con scrupolo,
per amore della trasparenza,
perché nessuno fra quelli che ci incontrano,
vedendo un'opera bella,
possa dire: «Chissà chi c'è dietro»,
ma tutti rendano lode al Signore
che attraverso mille mani di amici
ci dona ogni cosa.
Vigiliamo su noi stessi
per non abituarci al bene
e per non trasformare in potere
ciò che è dono del Signore.

La Provvidenza non ha mai abbandonato
un suo progetto. È la storia di sempre.
Quando qualcuno si affida totalmente a Dio
non è mai deluso. Dio opera così.

«Il Padre vostro celeste infatti sa che ne avete bisogno. Cercate prima il regno di Dio e la sua giustizia, e tutte queste cose vi saranno date in aggiunta» (Mt 6,32b-33).

Andiamo con un cuore nuovo

In tutte le città del mondo
dove Dio vuole mandarci
andiamo con l'entusiasmo dei giovani.
Andiamo con la loro volontà
di non arrendersi al male,
di non pensare mai
che ci sia qualcosa di impossibile
per chi si affida totalmente al Signore.
Con giovani così desideriamo capire
e far capire che la terra è di Dio
e noi tutti possiamo vivere da fratelli.
I giovani, al primo posto
nella nostra Fraternità,
possono essere il sale, il lievito,
gli scopritori delle novità dello Spirito,
e portare una reale novità al mondo
che ha reso poco visibile la paternità di Dio,
avendo sempre nel cuore il sì,

il «manda me»;
avendo sempre nel cuore
la gioia di seguire Gesù,
sorgente della verità e dell'amore.
Giovani poveri ma indomabili,
con la compassione nel cuore,
sempre pronti ad amare,
rischiare, inventare, soccorrere...
Giovani che sanno essere
maestri di altri che si sentono persi
e che il mondo giudica persi,
per aiutarli a ritrovare Dio
e il senso della vita.
Con coraggio, la Fraternità cerca
di confrontarsi sempre
con il cuore sincero dei giovani:
essi sono il nostro specchio.

«Vi darò un cuore nuovo, metterò dentro di voi uno spirito nuovo, toglierò da voi il cuore di pietra e vi darò un cuore di carne» (Ez 36,26).

«Poi io udii la voce del Signore che diceva: "Chi manderò e chi andrà per noi?". E io risposi: "Eccomi, manda me!"» (Is 6,8).

Andiamo...

A Torino, a San Paolo del Brasile,
a Madaba in Giordania
e là dove il Signore vuole mandarci,
a Pechino, a Roma, a New York...
andiamo...
... perché il Signore Gesù
ha scelto di mandarci
... per amarlo, convinti che, in noi,
Lui traspare ed evangelizza
... con il desiderio di diventare
uomini e donne di preghiera e di azione,
vivendo alla sua presenza
ventiquattr'ore su ventiquattro
... per essere un segno visibile della sua bontà
... per portare il carisma della speranza
e la spiritualità della Presenza,
che il Signore ha donato alla Fraternità
... con la volontà di fraternizzare
con gli amici che incontriamo,

ma senza perdere la nostra identità
e vivendo la fedeltà
alla missione universale della Chiesa,
guidata dal Santo Padre
... con il desiderio di aiutare,
pur con la nostra pochezza, i nuovi amici,
con la disponibilità ad essere da loro aiutati,
vivendo sempre rapporti di sincerità
... per realizzare con gioia, ordinatamente,
la volontà del Signore,
attraverso l'obbedienza
ai responsabili della Fraternità
e al vescovo locale
... perché ogni Arsenale

abbia lo stesso volto dell'Arsenale di Torino,
dove ci condividiamo
con i giovani e i più poveri
... per continuare a vivere
l'armonia dei nostri tempi, dei nostri ritmi,
alla presenza del Signore,
con la certezza che la Madonna
ci proteggerà sempre in questa missione.

«Andate dunque e ammaestrate tutte le nazioni, battezzandole nel nome del Padre e del Figlio e dello Spirito Santo, insegnando loro ad osservare tutto ciò che vi ho comandato. Ecco, io sono con voi tutti i giorni, fino alla fine del mondo» (Mt 28,19-20).

Il tempo della fragilità

La Fraternità è caratterizzata
da una profonda umanità
verso gli amici
che attraversano il tempo della fragilità
fisica, psicologica, spirituale;
sono provati da malattie,
raggiungono la vecchiaia,
sono consumati dal servizio prestato.
Nessuno può essere abbandonato
a se stesso o allontanato dalla Fraternità.
Teniamo sempre aperto il nostro cuore
e la nostra intelligenza
per trovare modi adeguati di accoglierci.
L'amore fraterno, l'amicizia che ci lega,
il volerci bene, non possono venir meno
nei momenti di difficoltà.
E quando la morte porta alla Vita
uno di noi della Fraternità,
il fratello o la sorella

che raggiungono la casa del Padre
continuano ad essere presenti,
quasi abitassero un Arsenale in Cielo.
Nella comunione continuiamo
a lottare perché ci sia più amore di Dio
e più giustizia tra gli uomini,
continuiamo a desiderare
cieli e terra nuova.

«Amatevi gli uni gli altri con affetto fraterno, gareggiate nello stimarvi a vicenda. Non siate pigri nello zelo; siate invece ferventi nello spirito, servite il Signore. Siate lieti nella speranza, forti nella tribolazione, perseveranti nella preghiera, solleciti per le necessità dei fratelli, premurosi nell'ospitalità» (Rm 12,10-13).

«Vidi poi un nuovo cielo e una nuova terra, perché il cielo e la terra di prima erano scomparsi e il mare non c'era più. Vidi anche la città santa, la nuova Gerusalemme, scendere dal cielo, da Dio, pronta come una sposa adorna per il suo sposo. Udii allora una voce potente che usciva dal trono: "Ecco la dimora di Dio con gli uomini! Egli dimorerà tra di loro ed essi saranno suo popolo ed egli sarà il 'Dio-con-loro'. E tergerà ogni lacrima dai loro occhi; non ci sarà più la morte, né lutto, né lamento, né affanno, perché le cose di prima sono passate"» (Ap 21,1-4).

Servire la pace

Isaia annuncia un tempo
in cui le armi saranno tramutate
in strumenti di lavoro.
Il profeta parla a nome di Dio,
dunque la pace è possibile
ma l'uomo deve volerla.
Ci sarà pace
se ci sarà riconciliazione,
se ci si chiederà reciprocamente perdono,
se l'odio si scioglierà,
se emergeranno rispetto,
concordia, mansuetudine.
Dedichiamo la nostra vita,
la nostra preghiera incessante
a convertire il «lupo» della guerra,
della fame,
della disoccupazione, della non vita
e soprattutto il «lupo» che è in noi

perché la pace, che è dono di Dio,
si manifesti tra gli uomini.
Serviamo la pace con tutto il cuore,
un cuore disarmato
che ha cancellato le parole
nemico, rancore, mio
per sostituirle con la parola «perdono».

«Esulta grandemente figlia di Sion, giubila, figlia di Gerusalemme! Ecco, a te viene il tuo re. Egli è giusto e vittorioso, umile, cavalca un asino, un puledro figlio d'asina. Farà sparire i carri da Èfraim e i cavalli da Gerusalemme, l'arco di guerra sarà spezzato, annunzierà la pace alle genti, il suo dominio sarà da mare a mare e dal fiume ai confini della terra» (Zc 9,9-10).

«Beati gli operatori di pace, perché saranno chiamati figli di Dio» (Mt 5,9).

Carismi diversi ma un unico Signore

La nostra Fraternità
è sempre in comunione,
in profonda amicizia
con quegli amici
che dopo un tempo di permanenza
decidono di vivere la loro vita
in forme diverse dalla nostra.
La nostra Fraternità
è sempre accogliente
verso questi amici che ci hanno aiutato
a crescere nell'amore di Dio.
E l'amicizia nata dalla grazia del battesimo
resta riconoscente.
Questa stessa amicizia
è aperta a tutte le altre esperienze
che noi amiamo nella comunione dei santi.

«Se anche parlassi le lingue degli uomini e degli angeli, ma non avessi la carità, sono come un bronzo che risuona o un cembalo che tintinna. E se avessi il dono della profezia e conoscessi tutti i misteri e tutta la scienza, e possedessi la pienezza della fede così da trasportare le montagne, ma non avessi la carità, non sono nulla. E se anche distribuissi tutte le mie sostanze e dessi il mio corpo per esser bruciato, ma non avessi la carità, niente mi giova» (1 Cor 13,1-3).

«Vi sono poi diversità di carismi, ma uno solo è lo Spirito; vi sono diversità di ministeri, ma uno solo è il Signore; vi sono diversità di operazioni, ma uno solo è Dio, che opera tutto in tutti. E a ciascuno è data una manifestazione particolare dello Spirito per l'utilità comune» (1 Cor 12,4-7).

Il sì che dà vita

Il nostro sì, il nostro dare la vita
ci rende totalmente liberi
per amare tutti
con cuore indiviso, come Gesù.
Nella vita di fraternità
non diventiamo mai dipendenti
dall'umore degli altri,
diventiamo dipendenti dall'amore di Dio.
Qualunque dipendenza
ci limita e ci rattrista,
la libertà del cuore rallegra la nostra vita
e ci apre al servizio gratuito.

Dipendiamo solo dall'amore di Dio
perché da Lui impariamo ad amare
con gratuità,
senza aspettarci nulla in cambio
se non la gioia di fare felici gli altri.
Tristezze e paure di cui è pieno il mondo
affliggono anche tante persone
che scelgono di dare la vita.
Non basta dire sì a Dio
una volta per sempre,
e poi chiuderci nel nostro sì.
Occorre puntare sull'amore
che è nuovo ogni giorno.
Il sì è sì se dà vita, se crea vita intorno
proprio come una nuova continua creazione.
Il sì è vero se si supera,
se ci aiuta a dare un senso alla vita sempre.
Il sì ci rimette in discussione ogni giorno
perché l'orgoglio non ci renda impenetrabili,
perché l'arroganza e la superbia
non spadroneggino.
Desidero che ognuno cerchi di capire
se il suo sì sta portando vita o paura,
vita o morte.
Se chiediamo al Signore il dono di capire,
anche i più duri di noi
avranno la grazia di cercare e di capire.

Se c'è buona volontà, risorgiamo, cambiamo,
perché Gesù è venuto a portarci la certezza
che possiamo cambiare
in qualsiasi momento.
Il sì è sì se attrae altri sì,
il sì è sì se diventa bene
per quelli che ci avvicinano.
I nostri sì sono sì se danno speranza e gioia,
ma dobbiamo avere la gioia,
la severità e l'ironia
per capire a cosa sta servendo il nostro sì.
Il sì è sì se sa dire come Maria: «Eccomi».
Sempre, in ogni momento,
questo sì ci unisce
all'amore di Dio e al servizio del prossimo.

«Signore, pietà di noi, in te speriamo; sii il nostro braccio ogni mattina, nostra salvezza nel tempo dell'angoscia» (Is 33,2).

«Gli porrò sulla spalla la chiave della casa di Davide; se egli apre, nessuno chiuderà; se egli chiude, nessuno potrà aprire. Lo conficcherò come un paletto in luogo solido e sarà un trono di gloria per la casa di suo padre» (Is 22,22-23).

«Sei tu che io ho preso dall'estremità della terra e ho chiamato dalle regioni più lontane e ti ho detto: "Mio servo tu sei, ti ho scelto, non ti ho rigettato". Non temere, perché io sono con te; non smarrirti, perché io sono il tuo Dio. Ti rendo forte e anche ti vengo in aiuto e ti sostengo con la destra vittoriosa. Ecco, saranno svergognati e confusi quanti s'infuriavano contro di te; saranno ridotti a nulla e periranno gli uomini che si opponevano a te» (Is 41,9-11).

«Secca l'erba, il fiore appassisce quando il soffio del Signore spira su di essi. Secca l'erba, appassisce il fiore, ma la parola del nostro Dio dura sempre. Veramente il popolo è come l'erba» (Is 40,7-8).

«Signore, da chi andremo? Tu hai parole di vita eterna» (Gv 6,68).

L'esame di coscienza

Possiamo indirizzare la nostra vita
verso la verità di noi stessi
se, come curiamo il corpo,
così curiamo i pensieri, il cuore,
la volontà, lo spirito.
La coscienza, illuminata dallo sguardo
del Signore Gesù sulla croce
e guidata dallo Spirito,
sa penetrare il proprio essere
e le proprie azioni,
smascherare ogni compromesso,
orientare alla verità.
La coscienza, ravvivata
dalla riconciliazione frequente
e orientata dalla guida spirituale,
aiuta ad essere riconoscenti e leali.
L'esame di coscienza è uno degli strumenti
di cui ci possiamo servire

per prendere in mano,
con determinazione, la nostra vita.
Chiedo con tutto il cuore che
chi vive la Regola del Sì,
guardando il Signore sulla croce
e sentendo il suo Spirito d'amore,
si incontri più volte al giorno
con la propria coscienza.
Al mattino, quasi a evidenziare i punti
sui quali porre tutta l'attenzione
all'inizio della giornata;
alla sera,
per riflettere sulla giornata trascorsa,
ma anche a mezzogiorno, all'Angelus,
facendosi aiutare da Maria.
Un esame di coscienza personale,
e settimanalmente comunitario,
che ci renda vigilanti sulle nostre azioni,
sui nostri pensieri, sulla nostra preghiera,
sui nostri propositi,
sui nostri sì e sui nostri no,
per essere fedeli
all'amore del Signore.

«Esaminate voi stessi se siete nella fede, mettetevi alla prova. Non riconoscete forse che Gesù Cristo abita in voi?» (2 Cor 13,5).

«Non spegnete lo Spirito, non disprezzate le profezie; esaminate ogni cosa, tenete ciò che è buono» (1 Ts 5,19-21).

«Confessate perciò i vostri peccati gli uni agli altri e pregate gli uni per gli altri per essere guariti» (Gc 5,16).

«Se dunque presenti la tua offerta sull'altare e lì ti ricordi che tuo fratello ha qualche cosa contro di te, lascia lì il tuo dono davanti all'altare e va' prima a riconciliarti con il tuo fratello e poi torna ad offrire il tuo dono» (Mt 5,23-24).

Difendercei dal male

La tentazione più grande
che può prendere ognuno di noi
è mettere il proprio io
al posto di Dio,
dimenticandoci di essere suo tempio,
abitati da Lui.
Morire a noi stessi è la strada
per non lasciarci dominare dall'orgoglio,
per essere come Gesù:
miti e umili di cuore.
Cerchiamo continuamente consiglio
per non portare avanti le nostre idee
ma quelle del Signore;
lasciamoci avvicinare da tanti poveri
per avere un linguaggio semplice
e non insuperbirci,
per non sentirci mai arrivati.
Non smettiamo mai di vigilare su noi stessi,

sulle nostre fragilità e sui nostri doni
perché siamo creature e,
pur facendo tutto il bene che possiamo,
abbiamo bisogno di pregare, di tacere
affinché sia sempre il nostro Signore
a parlare,
ad agire dentro di noi.
Abbiamo bisogno di difenderci dal male
che spesso si presenta come bene.
L'inquietudine o la pace interiore
possono essere le chiavi per riconoscere
il male o il bene.
Molte tentazioni si vincono solo fuggendole,
digiunando, come segno di libertà,
da immagini, letture, musica
che ci possono portare
lontano dalla logica di Dio.
Difendiamoci dal male
con una preghiera incessante.

«Figlio, se ti presenti per servire il Signore, preparati alla tentazione. Abbi un cuore retto e sii costante, non ti smarrire nel tempo della seduzione. Sta' unito a lui senza separartene, perché tu sia esaltato nei tuoi ultimi giorni. Accetta quanto ti capita, sii paziente nelle vicende dolorose, perché con il fuoco si prova l'oro, e gli uomini ben accetti nel crogiuolo del dolore. Affidati a lui ed egli ti aiuterà; segui la via diritta e spera in lui» (Sir 2,1-6).

«Giunto sul luogo, disse loro: "Pregate, per non entrare in tentazione"» (Lc 22,40).

«Un servo non è più grande del suo padrone. Se hanno perseguitato me, perseguiteranno anche voi; se hanno osservato la mia parola, osserveranno anche la vostra. Ma tutto questo vi faranno a causa del mio nome, perché non conoscono colui che mi ha mandato. Quando verrà il Consolatore che io vi manderò dal Padre, lo Spirito di verità che procede dal Padre, egli mi renderà testimonianza; e anche voi mi renderete testimonianza, perché siete stati con me fin dal principio» (Gv 15,20-21.26-27).

Arrivati da ieri

In tutto il mondo
gli Arsenali sono luoghi
dove ogni viandante
è accolto con il suo fardello,
le sue pene, i suoi progetti.
Luoghi dove chi «arriva da ieri»,
segnato dalla sua storia passata,
può trovare ristoro nel silenzio, nei volti,
nelle parole di fratelli e sorelle
che vivendo la presenza di Dio
imparano a non giudicare,
a non portare rancore.
Luoghi dove si testimonia la certezza
che la grazia del Signore opera sempre.
Luoghi dove l'uomo smarrito
può trovare un fratello, una sorella
che lo accompagnano
nell'incontro con la grazia.

Luoghi dove ognuno è accolto
ma nessuno è giudicato.
Il bene dilaga se chi cerca un segno
trova, in chi lo avvicina,
riflessi della bontà,
della misericordia di Dio.

«Gesù disse: "Non sono i sani che hanno bisogno del medico, ma i malati. Andate dunque e imparate che cosa significhi: Misericordia io voglio e non sacrificio. Infatti non sono venuto a chiamare i giusti, ma i peccatori"» (Mt 9,12-13).

«Qui non c'è più Greco o Giudeo, circoncisione o incirconcisione, barbaro o Scita, schiavo o libero, ma Cristo è tutto in tutti. Rivestitevi dunque, come amati di Dio, santi e diletti, di sentimenti di misericordia, di bontà, di umiltà, di mansuetudine, di pazienza; sopportandovi a vicenda e perdonandovi scambievolmente, se qualcuno abbia di che lamentarsi nei riguardi degli altri. Come il Signore vi ha perdonato, così fate anche voi. Al di sopra di tutto poi vi sia la carità, che è il vincolo di perfezione. E la pace di Cristo regni nei vostri cuori, perché ad essa siete stati chiamati in un solo corpo. E siate riconoscenti!» (Col 3,11-15).

«È apparsa infatti la grazia di Dio, apportatrice di salvezza per tutti gli uomini» (Tt 2,11).

Riconoscenza

Ognuno di noi,
in modo naturale,
respira, si nutre, si disseta,
si riposa, guarda, legge...
E intanto vive, cresce,
soffre, conosce...
Bisogna riconoscere ciò che ci arricchisce
e ringraziare per ogni cosa.
Ringraziare di essere amati
e di poter amare;
di essere perdonati settanta volte sette
e di poter ricominciare;
di essere chiamati a seguirLo
e di essere usati da Lui;
di aver ricevuto molti doni
e di poterli restituire.
Vorrei che il ringraziare entrasse
nella nostra vita come il mangiare,
il dormire, il respirare.

Vorrei che la riconoscenza
per chi ci ha aiutato,
per chi ci ha sopportato,
per chi ha avuto fiducia in noi
non ci lasciasse mai.

«L'anima mia magnifica il Signore e il mio spirito esulta in Dio, mio salvatore, perché ha guardato l'umiltà della sua serva. D'ora in poi tutte le generazioni mi chiameranno beata. Grandi cose ha fatto in me l'Onnipotente e Santo è il suo nome» (Lc 1,46-49).

Concludere per ricominciare

I doni di Dio si possono vivere
solo rinnovando la sua grazia in noi.
Altrimenti si perdono.
L'abitudine, la legge al posto dello Spirito,
hanno ucciso tante vocazioni,
spento tanti sogni.
La durezza spesso è diventata struttura
e questa è diventata scandalo.
Anche noi, chiamati dal Signore,
se non Lo amiamo con tutto il cuore
e non ci amiamo tra noi
con amore paterno e materno,
possiamo entrare in questa abitudine:
avere semplicemente un'etichetta
e non più il cuore.
La storia ci mette in guardia
da questi rischi.

Maria, con la sua maternità,
non si arrenderà
perché i doni di Dio
siano sempre vivi in noi
secondo la parola di Gesù.
Lo Spirito Santo che è amore,
e ricrea e fa nuove tutte le cose,
ci guiderà ad essere in ogni momento
ciò che Dio vuole.
Il sì totale senza condizioni
può portare frutto ogni giorno,
può portare a fare cose più grandi di Lui,
non perché noi siamo buoni
ma perché la nostra povertà
incontra ogni momento la grazia.
Amati, amiamo
perdonati, perdoniamo
compresi, comprendiamo
consolati, consoliamo
perché la tenerezza di Dio è in noi.
Con la stessa tenerezza
di cui Dio ci avvolge
noi avvolgiamo i nostri fratelli,
per aiutarli a incontrare Dio,
cosicché nessuno, avvicinandoci,
si senta perso.

Terminando queste pagine,
sento crescere una profonda nostalgia.
È la nostalgia per tutte le mie figlie
e per tutti i miei figli sparsi nel mondo.
La maggior parte di loro non sa ancora
che un giorno busserà
alla porta di un Arsenale
e dirà: «Voglio donarmi a Dio».
Loro non lo sanno,
Dio lo sa, io lo sento.
E già li amo con cuore di padre.

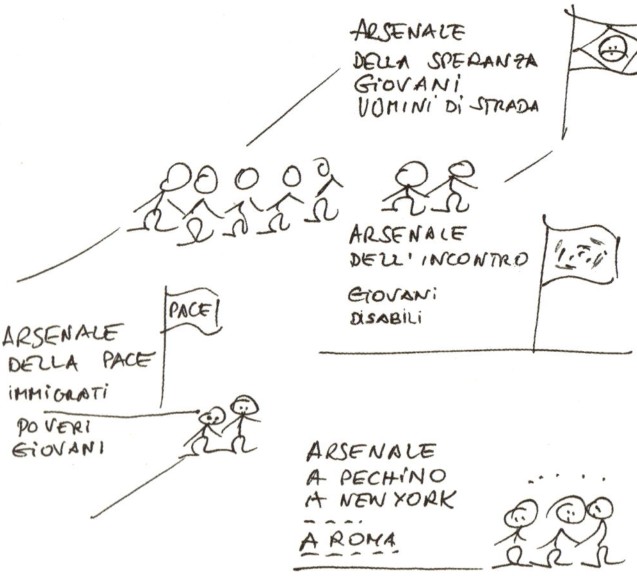

Regola aperta

La parola Regola non vuol dire
né regola
né comandamento:
vuol dire sapienza.
La sapienza di non ingannare,
di non sopraffare,
di non ammazzare con le mani e con le parole,
di non usare gli altri.
La sapienza di dire la verità,
di rispettare l'altro, di lasciarlo vivere,
anzi di aiutarlo a vivere di amore.
La sapienza di essere liberi,
sciolti dalle reti di bugie, di orgoglio,
di violenza, di furbizia,
di antipatia, di interesse
che sono solo prigioni, prigioni quotidiane.
La sapienza di essere amore,
indifesi e semplici,

diretti e trasparenti, è la libertà di Dio.
La sapienza di ricordarsi
dei tanti errori della storia.
La storia diventa maestra se trova allievi.
Come fondatore di questa Fraternità
ho sentito dunque di concludere la Regola
lasciando «pagine aperte»
che saranno riempite
come il Signore
ci indicherà.

REGOLA APERTA

"Pagine aperte"

"Pagine aperte"

Il mio sogno

è un sì

Ogni volta che un uomo, una donna,
dice di sì al Signore,
nella terra di Dio entra un seme
e tutto l'universo
aspetta con impazienza
di perdersi con gli occhi in quel fiore,
di vedere il frutto, di gustarne il sapore.
Oggi
con il tuo sì
stai facendo sussultare di attesa
l'universo intero.
Oggi
i poveri, gli scoraggiati sussultano
perché avranno uno sguardo per loro,
la loro voce ascoltata,
una mano da stringere,
una casa.
Ogni volta che un sì
sale al Signore,
incondizionato
e per sempre,
il Signore di tutti i tempi
ha sulla terra nuove mani,
un nuovo volto,
un nuovo sorriso.

Il mio sogno...

Queste pagine sono il mio sogno
di vivere oggi come Gesù;
il sogno che il respiro
diventi preghiera;
il sogno che ogni incontro
sia un appuntamento con Dio;
il sogno che ogni problema
diventi un'opportunità
per amare di più Dio,
per amarci di più tra noi,
per rendere un po' migliore questo mondo;
il sogno di vivere
come fratelli e sorelle tra noi
e con tutti gli uomini e le donne del mondo;
il sogno che questo sogno diventi
il sogno di mille e mille e mille ragazzi
che fanno della loro vita il loro sì.

La nostra storia

Nella mia vita tante cose «me le sono cercate», ma non sicuramente il fondare una Fraternità di consacrati. Sin dai primi anni di vita del Sermig ho avuto accanto a me ragazze e ragazzi di grande qualità, di vera bellezza spirituale; non mi sono meravigliato quando Maria Elisa mi ha comunicato: «Ernesto, mi consacro e parto per le missioni». Non mi sono meravigliato quando Lidia, una maestra spirituale per me, mi ha detto la stessa cosa o quando Gino mi ha detto che sarebbe diventato sacerdote, e poi Adriana, Franca...

Pensavo che il Sermig avrebbe continuato ad essere un gruppo di laici impegnato nel «fare» e per molti un trampolino verso Dio, visto quanto accaduto nei primi anni. Chi aveva la vocazione alla vita religiosa se ne andava; noi, laici sposati – Anna e Rinaldo, Piera e Claudio, Lino, Nietta e Guido, Cecilia, Pierino, Adriano e Anna, Maria ed io... – restavamo, consolidando la nostra vita matrimoniale, preparando altre coppie al matrimonio, aggregando nuovi giovani in ricerca. Eravamo il classico gruppo missionario, certamente con un grande obiettivo – abbattere la fame nel mondo – ma l'amore se non è esagerato che amore è? E poi, sin da bambino, puntare in alto mi sembrava la cosa più «da bambino»...

Nel 1972 spuntò nella nostra storia una ragazzina dall'impermeabile giallo. Rosanna aveva quindici anni, esile, lo sguardo dolce. Capii subito che mi trovavo di fronte ad una persona speciale e pensai che presto anche lei avrebbe preso il volo con Dio, lontano dal Sermig.

Non avevo previsto che questa ragazzina dopo pochi anni mi dicesse: «Voglio consacrarmi a Dio, ma stare con voi». Questo pro-

prio non l'avevo previsto. Risposi secondo il mio giudizio, secondo la mia esperienza: «Non se ne parla proprio, fai come tutti gli altri...». Dopo due anni persisteva ancora nel suo desiderio, con tenacia, con determinazione: «Voglio donarmi a Dio e restare al Sermig». Questa volta capii che avevo un appuntamento con Dio che mi diceva di non usare la mia testa. Così le proposi di andare per due anni in un monastero, per aiutarla a capire se era fatta per amare e servire Dio in quel modo.

Cercai una congregazione antica e solida, le carmelitane, dove andò a formarsi. Dopo due anni, con l'arrivo dell'Arsenale il 2 agosto 1983, uscì per entrare definitivamente nella pienezza del suo sì. Il Sermig con lei diventò Fraternità della Speranza.

Da quel momento intuii che il Signore ci offriva un dono nuovo.

In questi venticinque anni quanti «sì» ho sentito pronunciare, ma tanti sono stati anche i «no» che ho dovuto dire a persone che non mi sembravano adatte... Se volevo davvero aiutare ragazzi e ragazze a crescere, a vivere la loro vocazione, la loro fedeltà, non dovevo catturare nessuno, ma aiutare ciascuno ad essere veramente innamorato di Dio.

Ho capito anche che la nostra esperienza doveva mantenere il volto che Dio ci stava svelando: restare «nella mischia», in mezzo ai dolori del mondo, nell'immondizia della vita ma da innamorati di Dio, amando perdutamente la Chiesa, vivendo il «Non sono più io che vivo ma Cristo vive in me» (Gal 2,20).

Intanto anche le coppie e le famiglie del Sermig sono cresciute, spesso hanno fatto fatica, ma nessuna di loro si è divisa. Famiglie e consacrati, abbiamo imparato a condividere ogni responsabilità, perché la chiamata è una per tutti. Ripensando alla nostra storia, la vedo come un'originalità di Dio per il nostro tempo.

Per essere segno e non perderci, la preghiera doveva essere continua. Il Signore ci faceva il dono della Spiritualità della Presenza: per restare nel mondo e non farci prendere dal mondo, la preghiera doveva diventare respiro. Pregare e agire, pregare e amare, pregare sempre, vivere la preghiera che entra nella mente e nella vita.

La nostra forza, poi, doveva rimanere il servizio: servire Gesù e non servirsi di Lui, servire la Chiesa e non servirsi della Chiesa; servire i poveri e chiunque ci avvicinava.

Vivendo così i consacrati del Sermig sono cresciuti e continuano a crescere non «tolti dal mondo» o preparati asetticamente, ma «dentro la mischia», nella Spiritualità della Presenza di Dio e con una formazione permanente.

«Nella mischia» ci dobbiamo stare, ma dobbiamo dare priorità alla preghiera, per imparare a parlare di Dio quasi senza parlarne. La preghiera, come la preparazione, devono accompagnarci per tutta la vita. Bisogna prepararsi, studiare, approfondire le motivazioni, sapersi rinnovare, radicarsi sulla Roccia per non perdersi, per non farsi travolgere. Bisogna capire il mondo, capire la politica, la scienza... vederli alla luce di Dio.

Lungo il cammino, uomini e donne di provata fede ci hanno incoraggiato, confermandoci che eravamo sulla strada di Dio.

L'Arsenale è diventato così nel tempo luogo di «noviziato», luogo di formazione e di vita spirituale, dove i tempi di preghiera sono precisi ed assidui, dove spontaneamente l'abito e lo stile di vita sono modesti, non ricercati, sobri.

Tutto ci è venuto incontro in un modo naturale. Il nostro «noviziato» ci aiuta non tanto a diventare dei numeri uno, ma a diventare numeri di Dio che possono fare «cose grandi» e «cose piccole», ma tutte con Dio e per Dio; Dio non diventa una parola da raccontare ma un incontro da vivere.

La filosofia che ci siamo trovati cucita addosso, nata dal fango della vita, è che *il bene bisogna farlo bene.* Parlare davanti al Santo Padre o pelar patate, davanti a Dio, hanno il medesimo valore. È la bellezza di Dio che mette sullo stesso piano chi ha un talento e chi ne ha dieci, ma che richiede ad ognuno di viverli con tutta la passione e con tutto se stesso.

Negli anni la nostra Fraternità ha accolto anche i «sì» di persone con doni particolari, in diversi campi. Abbiamo imparato a valorizza-

re i doni ma anche a vigilare perché al centro del cammino di ciascuno ci sia Dio. Chi entra in Fraternità entra per darsi a Dio, per diventare uomo, donna di Dio; non è il talento personale che dimostra la nostra appartenenza a Lui, ma il nostro metterci a servizio in qualunque situazione.

Impariamo a valorizzare il dono di ciascuno, vigilando affinché nessuno se ne appropri. Il dono ci deve far diventare riconoscenti verso Dio e chi ci ha aiutato a scoprirlo; compito di tutti è farlo crescere. Le doti di ciascuno, se non utilizzate per la propria gloria o il proprio orgoglio ma messe a servizio della Fraternità in un cammino equilibrato, possono aiutarci a fare bene il bene e permettere a Dio di operare cose grandi.

Nella Fraternità anche chi sceglie di essere sacerdote non diventa automaticamente il capofila di tutta l'opera, ma è «primo» tra pari; non è quello che ha sempre le risposte pronte ma quello che sa ascoltare tutte le domande, perché il credere di sapere porta troppe volte all'arroganza; non è il numero uno in tutto, ma quello che sa far emergere gli altri. In questi anni, di preti così abbiamo avuto il dono di incontrarne molti. Con la loro vita ci hanno insegnato che l'umiltà è la base su cui Dio appoggia la sua opera.

Cercare di diventare buoni, vivere in assoluta trasparenza un atteggiamento di disponibilità e di servizio è la base della nostra scelta, della risposta alla chiamata del Signore. I tanti «esempi» di preti e laici che abbiamo incontrato ci fanno dire che è semplicemente possibile.

Quello che sta nel cuore è possibile viverlo. Il cuore vede prima. Il cuore dell'uomo è fatto per Dio, è la sua dimora e, malgrado le ferite della vita, ha sempre nostalgia di Dio. Se non si lascia sedurre dal mondo, dal male, il cuore vede il Regno di Dio.

Questo Regno, la Gerusalemme celeste, è già qui tra noi.

Nel mondo ci sono fame, guerre, schiavitù di bambini usati per il vizio... ma il cuore vede, in chi si dona a Dio per scelta, la chiave del Regno. Se coloro che si donano totalmente a Dio fanno di ogni giorno il giorno più bello della propria vita, trasformano un giorno normale in un capolavoro di Dio. E ogni giorno diventa il tempo per allargare la bontà. Se nella mia vita non avessi incontrato mille e mille persone così, se non avessi visto la normalità dell'amore di Gesù nel quotidiano, sarei un illuso. Ma non è così. Questi incontri mi danno la sicurezza che mi fa dire: «Non si vede, ma c'è. Non si vede, ma è alle porte». E dico ancora una volta: «Non è da pazzi voler vivere il Regno di Dio, un regno di giustizia, di pace, un regno di vita buona per tutti. È da pazzi non volerlo».

Il sacerdote

che sogno

Buono come il pane

Il fratello della Fraternità della Speranza
che diventa sacerdote
continua ad essere un semplice fratello.
È buono come il pane,
istruito per poter istruire,
ha sempre sulle labbra: «Posso aiutare?».
È un uomo che ama con il cuore di Dio.
Imita la vita di Gesù,
unico ed eterno sacerdote,
per unire l'uomo a Dio, la terra al Cielo.
Non cerca niente per sé,
ma se chiamato a responsabilità,
non si tira indietro,
pur restando sacerdote, servo,
pieno di misericordia e di dolcezza,
saldo e fermo, prepotente mai.
È uomo per gli altri,
senza orologio,
si commuove come Gesù davanti alle folle

stanche e sfinite
come pecore senza pastore.
Guida il gregge sempre da dietro,
lo guida con la sua testimonianza,
per aiutare ciascuno
– giovane e vecchio, prepotente ed umile –
ad entrare nell'amore di Dio.

Non si stanca di cercare
il bene, il vero, il bello.
Non ha paura di riconoscere
di aver sbagliato o fallito
e di ricominciare.
Disponibile alla correzione,
cerca nel Vangelo
i suggerimenti per la vita,
per ravvivare ogni giorno
il dono di Dio che custodisce.
Non ha fretta perché sa che i tempi di Dio
non sono i suoi,
e che per discernere occorre
pazienza e silenzio.
Non ha paura di chiedere agli altri
questa pazienza,

invita con tenacia e decisione
alla conversione.
È uomo di comunione
che non cerca il proprio tornaconto,
la propria comodità
ma il bene di tutti,
anche a costo di sacrifici.
Non mette se stesso e i suoi progetti
al centro, ma si lascia plasmare
dal progetto che Dio costruisce
con lui, ogni giorno.
Si nutre della Parola di Dio;
il suo corpo comunica
la saggezza di chi pensa e sente in Dio.
Trasmette la Parola con amore,
con la vita, con ogni gesto,
a volte nel silenzio,
sempre con un linguaggio semplice,
per tutti.
Dice ciò che vive,
parla con i fatti,
è attento al cuore di ciascuno.

È un umile ministro della Chiesa
fondata da Gesù Cristo
e affidata al suo Vicario
e a tutti i vescovi che sono
in comunione con lui.

Ne assume la testimonianza e il servizio
a favore di tutti.
Non smette di pregare
perché chi non è pieno di Dio è pieno di sé.
Come le famiglie, le sorelle,
i fratelli della Fraternità
prega e lavora, prega e studia,
prega e ascolta,
prega e serve, prega e parla, prega e riposa,
prega e insegna, prega e accoglie,
prega sempre
per avvicinare ogni persona a Dio.
Prega e diventa come Maria,
attento, accogliente,
fedele, pieno di speranza, tutto di Dio.

Vive con serenità e lottando
la castità, l'ubbidienza, la povertà.
Ama i suoi voti
che lo conducono, lentamente,
più vicino al volto di Dio.
Li vive come segni della presenza
del Cielo sulla terra,

secondo la logica rovesciata
delle beatitudini evangeliche.
Chi lo vede vivere i voti
ne resta edificato
e impara che essere casti, poveri, ubbidienti
non è un peso,
ma leggerezza che fa volare,
gioia, tenerezza inesprimibile,
libertà dal proprio peccato.
Con il suo vivere
fa venire la nostalgia di purezza,
di essenzialità,
di mitezza, di fortezza.
Accanto a lui ognuno sente
che può entrare nella grazia di Dio.

Chi tra di noi diventa sacerdote
rimane fratello tra i fratelli;
in comunità sta allo stesso posto degli altri,
dei giovani, degli sposi,
degli altri sacerdoti e dei vescovi,
perché ogni compito è sacro davanti a Dio.
Il cassiere, il sacrestano, il cuoco,
il sacerdote,
non hanno gradi.
Nel campo di Dio
non ci sono gradi.
Tutto è servizio e tutto è fatto per amore.

Riconosce come vero il pensiero
di san Benedetto:
«*Il monaco che riceve l'ordinazione*
si guardi dal trarne vanto
montando in superbia
e non si permetta di fare nulla
fuori di ciò che gli sia stato
ordinato dall'abate,
ben sapendo di dover sottostare
con molto più rigore
alla disciplina della Regola. [...]
Qualora egli presuma
di comportarsi diversamente,
venga giudicato non già come sacerdote,
ma come ribelle [...]».

Anche quando gli verrà affidata
una parrocchia
o assegnato un altro servizio
vivrà sempre con uno o più fratelli:
«Dove sono due o tre riuniti nel mio nome,
io sono in mezzo a loro» (Mt 18,20).
Sa che la vita in comune
conserva il cuore morbido e dolce,
combatte la superbia e l'invidia,
aiuta la carità,
fa crescere la pazienza,
dilata l'amore.

Celebra la bellezza del mistero

L'Eucaristia è la meraviglia
della sua vita.
Il sacerdote che sogno
porta il mistero in tutte le cose,
grandi e piccole.
Fa memoria del Signore,
che ha scelto le sue mani
per cambiare il pane nel suo Corpo Santo.
Vive ogni giornata come liturgia
e ogni liturgia come ingresso
nella santità di Dio.
Celebra la bellezza del mistero.
Quando consacra il pane e il vino
e quando distribuisce l'Eucaristia
il mistero della Presenza Eucaristica
lo avvolge,
per la certezza di avere tra le mani
il Corpo di Gesù.
La sacralità dei gesti raccoglie
ancora di più l'assemblea

in un silenzio di meraviglia
e di intensa preghiera.
Il mistero della Presenza di Gesù
nel Pane eucaristico
avvolge l'intera comunità e fa della Chiesa
il tempio del silenzio contemplativo.
Ogni fedele che riceve il Pane Eucaristico
entra fisicamente in questo raccoglimento,
per un'esigenza d'amore riconoscente.
Conclusa la Celebrazione Eucaristica,
la continua nella vita,
quando ascolta,
quando parla,
in aereo, in macchina,
in metro, a piedi.

Vive come una grazia
l'essere chiamato a rimettere i peccati,
a riconciliare i figli con il Padre che li ama.
A qualsiasi ora del giorno e della notte
è pronto ad ascoltare;
a chi lo cerca, lo sveglia, lo interrompe
semplicemente dice: «Eccomi».
Sa trovare la parola o il silenzio
per chi non è in pace,
per chi si sente isolato nella Chiesa,
ferito da uno scandalo o da un torto subito,
per chi ha riconosciuto il male che ha fatto
e ha scoperto nel suo inferno il volto di Dio.

Vive una perenne adorazione,
quando agisce e quando riposa,
uno stupore continuo,
una preghiera ininterrotta
perché senza preghiera non può nulla.
Pregare è stare con il Signore,
e chi segue il Signore
se non prega è perduto.

Vive povero tra gli uomini.
Fragile e peccatore come gli altri,
affida la sua vita a Dio.
E quando sperimenta
lui stesso la debolezza,
non si smarrisce,
ma umilmente fa spazio
a Colui che l'ha scelto
per far risplendere
l'infinita misericordia di Dio.

Come tutti gli amici della Fraternità,
avvolge di silenzio e preghiera
chi è disperato di dolore.
Commosso,
aiuta ognuno a sperare contro ogni speranza,
perché sa che l'angoscia
non è l'ultimo orizzonte.
Sa insegnare tacendo
che la sofferenza passa,
ma l'aver sofferto resta.

Condivide la durezza di quel patire
che svuota la vita di tutto,
ma non della possibilità di sperare.

Come fondatore vorrei
che il sacerdote della mia Fraternità
indirizzasse tutto se stesso alla preparazione
della Celebrazione Eucaristica quotidiana,
per imparare a vivere
in modo personale e profondo
il mistero della Parola e del Pane,
per ricondurre ogni cosa
al solenne rendimento di grazie
che ci unisce intimamente a Gesù.
Vorrei che stesse a fianco dei poveri,
che li servisse a tavola,
che aiutasse chi lo avvicina
a gustare la gioia di servire.
Vorrei che si immergesse
nella fatica di vivere della gente
per imparare la misericordia di Dio.
Il tempo, l'esperienza e tanta preghiera
gli daranno la sapienza del cuore,
lo rafforzeranno nel suo essere confessore,
forse guida spirituale.
Vorrei tanto che di questo sacerdote
la gente dicesse:
«È un pezzo di cielo!».

Segno della famiglia di Dio

Vive ogni Eucaristia
come un incontro «a tu per tu»
con il Signore,
per suscitare in tutti
il raccoglimento e la preghiera;
e nello stesso tempo,
come un incontro di famiglia,
la famiglia dei figli di Dio
nella quale tutti partecipano,
condividono se stessi,
crescono come comunità e come Chiesa.

Con la sua comunità
tiene la chiesa sempre aperta,
ventiquattr'ore su ventiquattro,
perché ogni chiesa
sia come una fontana d'acqua fresca
all'angolo della strada
dove ogni viandante, povero e ricco,
forestiero e nativo, giovane e vecchio,

possa dissetarsi, trovare riparo, ristoro,
conforto, senso della vita.
In ogni uomo riconosce un figlio di Dio
ed è al servizio di tutti.
La sua parrocchia
è un'unica grande famiglia,
una comunità d'amore,
sostegno nel tempo del dolore
e della fragilità.
La nascita di un bambino, un matrimonio
è una festa per tutti,
la morte di qualcuno è un dolore di tutti.
Quando le parole non servono,
quando ostacolano l'incontro
tra chi crede e chi non crede,
la vicinanza, l'amicizia, la condivisione
vissuta – incurante di un rifiuto –
aprono al dialogo.

Il sacerdote che sogno
condivide lo stile di vita della Fraternità:
fascia di cure ogni ammalato
nel corpo e nel cuore,
visita il carcerato,
non lascia solo nessuno,
non permette che nessuno
muoia abbandonato.

Gli ultimi li fa sentire primi.
Anziani soli, disabili, bambini, giovani,
immigrati, disperati, carcerati, malati, poveri
sono i più amati.
Mantiene legami di comunione
con monasteri di clausura,
legami di solidarietà con i missionari
della parrocchia e con i suoi parrocchiani
sparsi nel mondo.
Considera «suo popolo»,
anche ebrei, musulmani, buddisti,
cristiani di altre confessioni,
credenti e non credenti.

L'amore di Gesù
è fatto di cose vere:
dare da mangiare a chi ha fame,
vestire gli ignudi...
Trattare l'altro come se stesso,
vedere nell'altro Dio.
Il sacerdote della mia Fraternità
con passione lega il suo gregge
all'umanità che geme e che soffre,
perché contagi il mondo
con questa concretezza d'amore
che spezza l'infamia della fame,
dei soprusi, degli abbandoni.

Testimonia che nessuno è escluso
dall'amore di Dio.

Ha nel cuore le parole di Gesù:
«Lasciate che i bambini
vengano a me...» (Mt 19,14).
Ricordando il mandato datoci
da Giovanni Paolo II
a Salvador de Bahia,
di *essere amici fedeli di tutti i bambini*
abbandonati del mondo,
considera i bambini
un bene prezioso da custodire,
far crescere e accompagnare
nell'incontro con Gesù.
Vigila insieme a tutta la comunità
perché i bambini siano protetti;
è attento al carattere e al talento di ognuno.
Con amore abbraccia nella comunità
le famiglie,
le rende partecipi,
le appassiona all'avventura di educare,

le accompagna,
non le abbandona,
ricordando che «per crescere un bambino
ci vuole un villaggio».

Come un contadino,
il sacerdote della mia Fraternità
dissoda, ara, rincalza il seme
della vocazione di ognuno
attraverso la preparazione permanente
sua e del popolo che gli è affidato.
Fin dall'infanzia
accompagna i bambini
alla scoperta di Dio
e della propria vocazione...
Li prepara a diventare cristiani
da ventiquattr'ore su ventiquattro,
che siano sindacalisti o industriali,
bancari o banchieri,
atleti o allenatori,
lattonieri o farmacisti...
Parla di Dio con parole semplici,
Lo fa conoscere
attraverso la sua testimonianza.
Offre un «catechismo permanente»,
scuola perenne di vita
per ogni persona, di età in età:

bambino, giovane, adulto, anziano...
Perché ogni persona,
in ogni momento della vita,
può perdere la strada
o ritrovarla,
può scoprire Cristo
e ricominciare ad amare
anche a novant'anni,
perché nessuno
si senta escluso dall'amore di Dio.

Chi vive la preparazione permanente
sarà sempre una persona
che prega e non imbroglia,
lavora per un mondo più giusto,
per la vita, per la pace
e mai per la morte e per la guerra.
Una persona che fa bene il bene,
che non è mai «contro»,
non si impone con prepotenza.
Non ruba, vive la rettitudine
come normalità.
Non aderisce a nessuna associazione segreta,
cerca la via per amare pienamente
anche chi è nemico,
ha compassione per chi è debole.
La sua testimonianza
aiuta la gente a sperare.

Ho conosciuto i sacerdoti che sogno

Il sacerdote che sogno l'ho già conosciuto, l'abbiamo visto vivere in mezzo a noi. Non è uno soltanto, sono molti. Alcuni sono noti, tanti altri sconosciuti. Li abbiamo incontrati e amati e hanno spezzato il Pane e la Parola in mezzo a noi. Qui ne ricordo alcuni, ma ce ne sono molti altri. Sono un patrimonio di santità per la Chiesa, un prezioso dono di umanità per il mondo di oggi, un esempio e un incoraggiamento per noi.

«Posso aiutare?» era l'espressione
che *dom Luciano Mendes de Almeida*
aveva sempre sulle labbra.
E non era un modo di dire,
esprimeva il desiderio del suo cuore,
un cuore che viveva
alla presenza di Dio in ogni momento.
L'ho visto soffrire per vent'anni
e poi l'ho visto morire;
durante la sua lunga malattia,
come in punto di morte,

ripeteva in continuazione: «Dio è buono»,
senza smettere – nemmeno tra le lacrime –
di adorare il Signore
che amava con tutto se stesso.
Non avrei mai immaginato
di conoscere un gigante della storia,
così vero, capace, importante, umile.

«O sacerdote santo o non sacerdote»,
ripeteva spesso un giovane di vent'anni
di nome *Michele Pellegrino*,
militare a Mantova.
È diventato prete e anche cardinale,
studioso e uomo
di grande cultura,
ma ha continuato ad essere servo,
pronto a chiedere scusa
a chiunque avesse amareggiato.
Uno che nella sua vita
non ha cercato altro che la santità.

Ricordo poi *dom Helder Camara*,
un brasiliano che molti chiamavano
il «vescovo rosso».
Avrebbero dovuto chiamarlo
il «vescovo mistico»:
la notte per lui era pregare il suo Signore,
pregava l'Eucaristia e piangeva,
ed erano lacrime vere.
Avrebbero dovuto chiamarlo

il vescovo che parla pregando.
Voleva un mondo più giusto.

François Xavier Van Thuan,
sacerdote e cardinale
di Dio e della sua Chiesa,
era nipote del primo presidente del Vietnam,
che fu ucciso in una chiesa
il 2 novembre 1963.
Per tredici anni imprigionato, torturato,
non ha smesso di amare i suoi persecutori.

In Sicilia c'è un prete
capace di riempire la chiesa
anche alle due di notte.
Ci riesce perché la gente sente che è buono
e lui è buono,
lo sente sincero e lui è sincero,
lo sente prete, semplicemente prete
e lui vuole essere solo così.
Si chiama *padre Emanuele Casola*.

Dio mi ha fatto incontrare
un altro sacerdote buono e santo:
Angelo Comastri, che chiamo «Padre buono».
Mi ha regalato una frase della sua mamma,
donna semplice e sapiente:
«Resta sempre un asinello
e Gesù ti cavalcherà sempre.
Se tu diventi un cavallo,
Gesù scende e tu resti quello che sei».

Con *don Giuseppe Vietto*, parroco di Torino,
ci frequentiamo da decenni.
Sempre umile, disponibile,
non ha mai perso l'occasione di una carità.

Così *don Giuseppe Pollano*,
della Consolata di Torino.
Un grande intellettuale,
ma prima di tutto un grande uomo di Dio.

E *don Vincenzo* di Genova.
Un sacerdote di Dio,
sempre immerso nei problemi degli ultimi.

E padre Paolo Melzani, don Marco, don Paolo, don Peppino, don e padre Renato, don Lanfranco, don Giovanni, don Gabriele, don Bernardo, don Oreste Benzi, padre Tommaso… E i vescovi Salvatore Boccaccio, Italo Castellani, Giuseppe Molinari, Michele Seccia, Alberto Ablondi, Diego Bona, Giovanni Canestri, Carlo Maria Martini, Giovanni Saldarini, Ersilio Tonini, Pietro Giachetti, Guerino Di Tora, Paulo Evaristo Arns, Claudio Hummes, Odilo Scherer, Roger Etchegaray, Silvano Piovanelli…

Qui mi fermo a scrivere ma nel cuore i nomi, i volti, le storie si susseguono come le Ave Maria di un interminabile rosario di «grazie».

Un popolo nuovo

Le pagine finora scritte non sono un susseguirsi di parole ma di fatti che ho visto vivere. Quello che ho capito con chiarezza è che senza la grazia dello Spirito il bene non si attacca all'anima. Senza lo Spirito Santo non c'è uomo nuovo, umanità nuova, trasparente all'Amore, grata a Dio per la sua bontà.

Spirito Santo,
aiutaci affinché queste parole
diventino carne
in ognuno di noi,
scendano nella mente e nel cuore,
siano la tua gioia.
Spirito Santo,
noi siamo sabbia,
ma Tu puoi fare di noi
una roccia,

roccia che non ferisce,
roccia che sostiene,
roccia che non umilia,
roccia che fa stare in piedi,
parlare a testa alta,
annunciare Te.
Spirito Santo,
usaci, plasmaci,
trasformaci, consumaci
per essere gioia di Dio agli altri.

Il nostro
«ora et labora»

Le ore della giornata

Il dono più intimo che il Signore ci ha fatto è la Spiritualità della Presenza. La presenza di Dio ci accompagna in ogni momento della giornata, nella preghiera e nelle opere, nell'amore e nel rispetto della creazione, nell'incontro con chi bussa alla nostra porta e con chi in tutto il mondo non è amato.

Il dono della Spiritualità della Presenza unifica tutta la nostra persona e tutta la nostra vita, la preghiera e le opere, rendendo ogni nostra giornata una lode a Dio e un'intercessione a Lui per tutta l'umanità, una preghiera continua, notte e giorno. Noi ventiquattr'ore al giorno viviamo, lavoriamo, ci riposiamo, leggiamo... senza accorgerci che respiriamo; ma sappiamo che senza il respiro nulla sarebbe possibile. Così deve essere la nostra preghiera, che dà vita a tutto quello che facciamo: la preghiera è la nostra forza.

Una Fraternità resta unita se impara a rispettarsi, stimarsi, esercitare la pazienza gli uni con gli altri ma se non ci fosse il respiro della preghiera, la Fraternità si affosserebbe, si ripiegherebbe su se stessa, scandalizzerebbe, ferirebbe, si farebbe del male. Posso sperare che la nostra Fraternità rimanga meraviglia del Signore?

Al mattino, appena svegli, il primo pensiero è già unito a Lui. Gli offriamo la nostra giornata nell'impegno a viverla nella sua luce, nella sua Parola, nello spirito delle Beatitudini, nel suo incoraggiamento, ricordandoci fin da subito che ogni nostra parola si deve confrontare con il silenzio: «Taci o dì qualcosa di più importante del silenzio», dice un padre del deserto.

Poi il primo esame di coscienza: «C'è qualche tensione che devo ancora sciogliere, qualche divisione di ieri che non ha incontrato la riconciliazione?», e così inizia e continua la nostra giornata. L'esame di coscienza ci aiuta a riconoscere i doni che Dio ci ha dato, a vederne la bellezza, a scoprire i talenti degli altri e a gioirne. L'esame di coscienza trova la sua

completezza se ci rende capaci di sciogliere il male, ma soprattutto di sprigionare tutto il bene che c'è in noi, negli altri, nella natura, nella storia e nella scienza.

La lectio divina, pregare la Parola sotto la guida dello Spirito Santo e con la semplicità di chi si aspetta tutto da Dio, di chi crede che la Parola fa vivere: «Signore, Tu l'acqua, io la terra. Fa' che la tua Parola diventi seme in me e porti frutto».

La preghiera delle lodi, in unità con la Chiesa, con gli uomini e le donne di buona volontà e con tutti coloro che credono in Dio, anche se Lo chiamano in modo diverso.

La lettura di una pagina della Regola, per imparare ad incarnare la Spiritualità della Presenza e a trasformarla in vita vissuta.

La Celebrazione Eucaristica è il centro della giornata. Ci colmi di stupore Cristo che ci parla e si fa carne in noi: «Non sono più io che vivo, ma Cristo vive in me» (Gal 2,20). Ho gli occhi di Cristo, il cuore di Cristo, le orecchie e i pensieri di Cristo. «Io sono il Pane della vita, chi viene a me non avrà più fame...» (Gv

6,35): l'Eucaristia è il pane che ci sfama, il pane della nostra vita, alimento che ci fortifica nel dono di noi agli altri. Se sto donando veramente la vita a Gesù non cerco altro, sono già sazio, ho già il pane e l'acqua assicurati per sempre, ho trovato il senso della mia vita.

L'Angelus ci riporta a Maria, al suo incontro con Dio, alla sua protezione che rivolgiamo a tutti gli amici, a tutti quelli che si aspettano una preghiera da noi. L'Angelus è la preghiera del grazie, della riconoscenza e del sì alla chiamata dell'amore di Dio.

Il secondo esame di coscienza, con l'aiuto di Maria: la nostra intelligenza unita alla preghiera ci aiuta a impastarci con Dio, con gli amici della Fraternità, con gli uomini, con la natura, con l'acqua, con il cibo, con il carisma. La vita che abbiamo liberamente scelto è intensa, abbiamo bisogno di confrontare continuamente la nostra umanità con la logica di Dio e con il carisma.

La preghiera dei vespri, al tramonto, in unità con la Chiesa. È l'offerta del nostro lavoro, degli incontri, della preghiera a Dio, nella comunione dei santi.

La preghiera del rosario, secondo la tradizione della Chiesa, per meditare ogni giorno la vita di Gesù. Il rosario è dedicato alle intenzioni del Santo Padre, alla pace che nasce dalla giustizia, dal perdono, dalla vita dignitosa per tutti; è dedicato anche alle vocazioni, a chi è già nella Fraternità e a chi cerca la propria risposta alla chiamata di Dio.

La sera, all'Arsenale della Pace in comunione con gli altri Arsenali, alcuni, a turno, sostano in silenzio pregando per la pace, perché la strada dell'odio non porta al domani.
Siamo idealmente uniti nel silenzio per la pace con ebrei, cristiani e musulmani, figli di Abramo, figli dell'Unico Dio, credenti di ogni confessione e non credenti, donne e uomini di buona volontà. Solo con questa umanità si può arrivare alla pace, l'unica ricchezza che può dare cibo, cure, scuole, dignità, libertà... a tutti. Per noi è l'ora del cuore disar-

mato, l'ora dell'adorazione davanti all'Eucaristia: portiamo davanti a Gesù mite ed umile di cuore l'umanità ferita, le «non paci» del nostro tempo, i bisogni e i dolori del mondo. Il cuore misericordioso di Cristo può fermare il male del mondo e portare la pace.

La compieta, prima che la notte diventi riposo. Preghiamo in profonda unità con chi ci ha preceduto ed è già alla presenza del Padre: la riconoscenza per l'ieri che ci ha portato all'oggi.

La compieta ci invita anche al ***terzo esame di coscienza*** prima di affidare al sonno gli ultimi pensieri. Molte volte nella giornata riconosciamo le nostre fragilità e il nostro peccato e ne chiediamo perdono, ma altrettante volte dobbiamo ringraziare per il bene che abbiamo potuto compiere malgrado la nostra povertà, per il bene che abbiamo ricevuto, per gli incoraggiamenti dati e per quelli che ci sono stati donati. La notte non ci colga mai con un'offesa non sciolta, un perdono mancato ad un fra-

tello, una sorella. L'esame di coscienza diventi anche occasione per aiutare chi ha qualcosa contro di noi a riconciliarsi, e a trovare pace e serenità nell'amore e nel rispetto reciproco. L'umiltà e la saggezza ci consiglieranno di volta in volta come farlo.

Il cammino di un anno: ognuno è chiamato a vivere l'antico «*ora et labora*» qualunque sia il suo compito. Lavoro e preghiera, riposo e preghiera, ogni momento mai perso, vissuto in armonia. L'imprevisto che bussa alla nostra porta è sempre un uomo, una donna o un bambino, è l'apertura che il Signore ci chiede. Chi di noi lo accoglie non interrompe la preghiera che continua nella sua mente, nel suo cuore, in unità con il resto della Fraternità e con la Chiesa. Viviamo ogni giorno dell'amore di Gesù che è incontro personale con Lui, nel dar da mangiare all'affamato, accogliere lo straniero, visitare i carcerati... È un amore vero, autentico, dove la retorica non trova spazio. Viviamo e proponiamo ogni giorno la restituzione.

Le famiglie e quanti vivono nelle loro case si uniscono, quando possono, ai momenti di preghiera; tutti sono in comunione e condividono il medesimo spirito. Ogni martedì sera negli Arsenali si prega con la Parola per crescere insieme.

Ogni giornata si inserisce in un cammino spirituale che, di anno in anno, cresce anche attraverso i ritiri mensili e le settimane di spiritualità (o esercizi spirituali), normalmente due volte all'anno: una sulla Scrittura o sui documenti del Magistero in base alle esigenze della Fraternità, l'altra di approfondimento della Regola del Sì.

Cresce anche attraverso il pellegrinaggio a piedi che ogni anno la Fraternità compie con un'intenzione particolare.

Il ricordo: ogni anno il 28 ottobre, giorno della morte di José Antonio (Arsenale di San Paolo, 28/10/2007), ricordiamo tutte le amiche e gli amici morti negli anni tra le nostre braccia, nel calore di una famiglia, tutti i fratelli e le sorelle che sono ora il nostro Arsenale in Cielo.

Il nostro sì: ogni anno, l'8 dicembre, durante la Celebrazione Eucaristica, rinnoviamo il nostro sì totale senza condizioni al Signore Gesù nella Fraternità.

Preghiera del Sì

Signore Gesù
mi sento chiamato a Te
in questa Fraternità.
Sento ancora il peso della mia fragilità,
ma sulla tua Parola
e sulla certezza che Tu operi sempre
in chi si abbandona a Te,
mi getto tra le tue braccia,
tra le braccia della gente
affaticata e oppressa del nostro tempo
e dico sì.
Un sì totale senza condizioni,
un sì nella speranza.
Maria, Madre degli uomini,
che io possa vivere pienamente
come Te e con il tuo aiuto
il dono che il tuo figlio Gesù
mi affida.

Preghiera dell'unità e della comunione tra noi

Signore, Ti ho offerto
con tutta libertà la mia vita.
Ho Te, mi basti,
non cerco altro
e Ti rinnovo anche oggi
il mio patto d'amore in questa Fraternità.
Ti affido, Signore, gli amici
che come me Ti hanno seguito.
Donaci il tuo Spirito
perché in ogni momento
i nostri sì siano la tua consolazione.
Ovunque siamo, mandati da Te,
la tua presenza ci faccia uno.
E attendiamo con fiducia
le sorelle, i fratelli
che varcheranno la soglia
dei tuoi Arsenali
per dire il loro sì tra di noi,
per seguirTi e servirTi.

Maria, Madre dei Giovani

È la nostra invocazione quotidiana. Il 22 dicembre 2000, durante il Giubileo della Pace, Giovanni Paolo II ha condiviso con noi il suo amore per Maria di Nazaret, permettendoci di chiamarLa con il nuovo nome di Maria Madre dei Giovani.
Leggendo la preghiera che Le abbiamo dedicato, Giovanni Paolo II e successivamente Benedetto XVI l'hanno fatta loro. Ogni anno, il 22 dicembre, ne celebriamo il ricordo.

Maria,
è dai giovani che parte il futuro.
I giovani possono prendere
il buono del passato e renderlo presente.
Nei giovani sono seminati
la santità, l'intraprendenza, il coraggio.
Maria, Madre dei Giovani
coprili col tuo manto, difendili,
proteggili dal male, affidali a tuo figlio Gesù
e poi mandali a dare speranza al mondo.

Ernesto Olivero

Joannes Paulus II

Benedictus PP XVI

Lettera agli amici

Cari amici,

la Fraternità che ho nel cuore è una Fraternità giovane, di innamorati di Dio, capaci di lasciarsi amare da Lui, di volersi bene, di lasciar spazio all'altro perché sia l'altro ad emergere; amici capaci di rispettarsi nei modi, nei gesti, nelle parole, perché un bene più grande li unisce.

Una Fraternità dove ognuno può maturare nella propria umanità, nell'incontro con Dio e con gli altri. Un luogo dove ognuno ha il suo passo: non c'è ultimo o primo. Tutti sono uguali, con i propri doni da vivere alla presenza di Dio, e Lui e la sua Parola ne sono il senso e la guida.

Una Fraternità che porta unità, che si realizza nella continua riconciliazione con Dio, con gli amici, con le donne e gli uomini, con la natura, dove si rinasce continuamente, se ogni giorno si rivive il proprio sì.

Desidero che la nostra sia una Fraternità in cui viviamo la fede nella concretezza dei fatti, nella verità, con il sì sempre pronto nel cuore, anche quando tutto concorre per il no. I no ci portano alla durezza, i sì sempre all'amore.

Desidero che la nostra Fraternità sia unita nel portare avanti l'impossibile di Dio; che sappia armonizzare i talenti, che sappia amare chi ne ha tanti e chi ne ha pochi, perché ha come modello Gesù, la sua vita, la sua umanità; una Fraternità unita per fare la volontà di Dio, unita perché sa dove sta andando, sa a chi ha detto il suo sì.

Ho nel cuore una Fraternità fatta di amici normali che non si credono migliori degli altri, non rincorrono ambizioni, non fanno proselitismo, non ostentano il Signore, Lo vivono nel proprio cuore e Lo fanno assaporare a chiunque li avvicini, suscitando nostalgia in chi è in ricerca con cuore sincero. Persone sempli-

ci, normali, che conoscono i propri limiti, ma si affidano a Gesù per superarli.

Vorrei che la Fraternità facesse della preghiera il proprio respiro, il proprio dialogo intimo e continuo con il Signore; una preghiera per amare con il cuore di Dio, per far diventare la nostra casa, le nostre case prima di tutto monasteri.

Vorrei che nella nostra Fraternità abitasse l'ironia: non prendiamoci mai troppo sul serio! Amici, correggiamoci con amore, con il desiderio di non giudicarci, correggiamoci anzitutto con il silenzio e quando dobbiamo usare anche le parole cerchiamo che siano quelle che vorremmo fossero dette a noi.

Nella Fraternità io non ho mai l'ultima parola: è Dio ad averla. La gente dice che siamo buoni. La bontà viviamola prima di tutto tra di noi, anche se a volte è più facile viverla con l'estraneo.

Cerchiamo di vivere il difficile con coraggio; questo vuol dire portare i pesi gli uni degli altri, essere capaci di perdonare, vivere l'imprevisto come una ricchezza, e l'imprevisto è sempre un uomo, una donna che hanno bisogno di essere amati. A volte sono questi i segni dei tempi che ci vengono incontro e ci aprono il cuore ad altri orizzonti.

Vorrei che Dio fosse l'unica certezza, affinché chiunque, nella Fraternità o fuori, possa correggerci e portare qualcosa di buono. Sogno una Fraternità capace di stupore, aperta alle novità, al mondo, al dialogo. Una Fraternità che non soffoca né previene lo Spirito, ma si fa guidare da questa forza che è Dio.

Sogno una Fraternità che cresce umanamente e spiritualmente, che ha dentro di sé lo spirito materno e paterno di Dio. Una Fraternità che vive il proprio carisma sempre alla luce dei segni dei tempi.

Sogno che ognuno diventi indomabile e non si senta mai arrivato.

Sogno una Fraternità che cerca sempre le risposte di Dio, perché la preghiera, la carità, la pazienza, la speranza, la coerenza l'alimentano. È un sogno che può tradursi nella nostra vita e portarci ad un bene sempre più grande, se lasciamo agire lo Spirito Santo in noi. Maria è al nostro fianco, come una madre a cui affidarci.

Arsenale della Pace, 21 novembre 2002
Presentazione della B. V. Maria

Vi chiamo amici

Testimonianze

Una carezza del Papa

Al Signor Ernesto Olivero,
Fondatore del Sermig
Fraternità della Speranza

Rendo grazie a Dio perché, nella primavera che la Chiesa sta vivendo sulla scia del Concilio Ecumenico Vaticano II, sono sorte nel mondo molteplici e qualificate esperienze ecclesiali giovanili, e tra queste la Fraternità del Sermig.

Nel ringraziarLa per le Sue quotidiane preghiere e riflessioni, insieme con le linee di una «regola» del Sermig, auspico che quanti fanno parte del Sermig possano crescere sempre più nell'impegno di adesione alla Regola del Sì, ispirata al sì di Maria Santissima. Con animo riconoscente a Dio per quanto codesta Comunità ha realizzato sinora, incoraggio Lei e tutti gli amici a proseguire in questa avventura dello Spirito, per seminare speranza e preparare apostoli del Vangelo per il nuovo millennio, ormai alle porte.

Nel vostro quotidiano impegno di essere testimoni di Cristo e strumenti della sua pace, sempre vi accompagni la mia preghiera e la Benedizione Apostolica, che impartisco di cuore a tutti voi.

Dal Vaticano, 16 aprile 1999

Joannes Paulus II

Dopo la morte del Santo Padre, il cardinale Stanisław Dziwisz, attuale Arcivescovo Metropolita di Cracovia (Polonia), che dall'ottobre 1978 al 2 aprile 2005 ha svolto la funzione di suo segretario particolare, ha lasciato questo ricordo:

Ernesto,
Santo Padre
Giovanni Paolo II
ti voleva tanto bene.
Apprezzava sempre
la tua opera
per i sofferenti,
malati, giovani e deboli.
Continua sempre
tutto questo
col ricordo del tuo Santo Padre.

28.VII.2005

+ Stanisław Dziwisz

L'impronta dello Spirito Santo

Vescovi, amici e fratelli,
il cardinale Van Thuân e la mia povera persona, leggendo la Regola proviamo la stessa gioia di quando riconosciamo nella vita di Ernesto e degli amici del Sermig l'impronta dello Spirito Santo che segna le loro azioni, le loro opere, le loro esistenze concrete. La bontà messa in pratica sull'esempio della Madonna diventa contagiosa, risveglia la generosità e fa nascere nel cuore di tanti giovani un desiderio di bellezza e di adesione a Gesù Cristo: un sì che rinnova, ogni giorno, la risposta della Chiesa al Figlio di Dio.

Una Regola non impone, consiglia.

È l'indicazione di chi ha a cuore la felicità degli altri.

Questa Regola se incarnata farà nascere in voi l'amore, il desiderio di pregare, la comunione fraterna, la dedizione ai poveri e ai piccoli, l'unione con il Santo Padre e lo spirito missionario. Con questo spirito porterete a tutti la giustizia, la pace e la speranza di Cristo, con la forza che solo Gesù dà.

Card. François-Xavier Nguyên Van Thuân
Presidente del Pontificio Consiglio
«Giustizia e Pace»

Dom Luciano Mendes de Almeida
Presidente della
Conferenza Episcopale del Brasile

Spirito di Sapienza

Caro Ernesto,
amico che conosci il cuore dei giovani,
sono colpito dallo spirito di sapienza evangelica che ispira la Regola. Questa è molto esigente. Solo la fiducia in Maria vi darà la fedeltà e la perseveranza. Sia da voi spesso meditato questo brano di Luca: «In quell'istante Gesù esultò nello Spirito Santo e disse: "Io ti rendo lode, Padre, Signore del cielo e della terra, che hai nascosto queste cose ai dotti e ai sapienti e le hai rivelate ai piccoli. Sì, Padre, perché così a te è piaciuto. Ogni cosa mi è stata affidata dal Padre mio e nessuno sa chi è il Figlio se non il Padre, né chi è il Padre se non il Figlio e colui al quale il Figlio lo voglia rivelare"» (Lc 10,21-22).

In fraterna unione

Card. P. Georges Cottier, O.P.
Teologo della Casa Pontificia

Dialogo tra dubbio e fede

Caro Ernesto,
quando mi hai portato la «regola di vita», perché la leggessi, mi hai chiesto di commentarla dopo averla letta. Ti ho detto subito: «Vedrò». Sapevo che sarebbe stato per me un compito difficile. Non sono all'altezza.

Le strade che abbiamo percorso nella nostra vita sono state troppo diverse, anche prescindendo dalla grande differenza di età. Quando si è raggiunta l'età che ho non si cambia più, quello che è stato è stato. Diffido dei mutamenti repentini degli ultimi anni. Ho dato sempre molta importanza alla virtù della coerenza.

Strade, ho detto, diverse. Tu hai cominciato trent'anni fa, quando eri giovane, a creare dal nulla il Sermig che ora è diventato un'istituzione cittadina, e non solo cittadina, con l'Arsenale della Pace. Io, invece, quando avevo più o meno la stessa età, in una situazione completamente diversa, mi ero dato agli studi di filosofia e di diritto, che mi conducevano a passare ore ed ore delle mie giornate chiuso nella mia stanza o in qualche biblioteca a leggere e a scrivere. Tu hai dato vita, come ho detto, ad una impresa come il Sermig in continua espansione, che coinvolge centinaia e centinaia di persone, non solo nella nostra città. Io ho scritto un numero spropositato di pagine, di cui la maggior parte sono destinate ad andare al macero, o, per bene che vada, a coprirsi di polvere in pubbliche biblioteche.

Come ci siamo incontrati, non ricordo. Ma so che sei tu che hai incontrato me e non viceversa. Tu sei venuto spesso a trovarmi a casa. Anch'io sono venuto spesso all'Arsenale, invitato da te a conoscere i tuoi amici o a seguire i lavori di restauro di volta in volta, e anche a tenere qualche lezione. Nelle nostre conversazioni ci è accaduto di esprimere il nostro comune sentimento di angoscia di fronte alle sofferenze, alla vita di stenti, alle miserie dei derelitti di questo mondo, da un lato, e di orrore di fronte alle prepotenze dei grandi della terra, dall'altro. Non sono riuscito a cancellare dalla mia memoria i begli occhi ridenti del bambino brasiliano malato di Aids, di cui mi hai mostrato la fotografia, in uno dei nostri ultimi incontri. Quando ti ho chiesto se sarebbe sopravvissuto, mi hai risposto di no. Io ho sempre cercato una risposta alla domanda sul male, meglio sarebbe dire alle varie infinite forme che ha preso il male nella storia degli uomini. Tu l'hai trovata? Io, no.

Ma credo di aver capito il significato di quell'unico monosillabo «Sì», scritto nella vostra Regola. Sì alla vita, no alla morte. Sì alla fratellanza, no al razzismo. Sì alla pace, no alla guerra. Sì alla giustizia, no all'iniquità. Tu, nei tuoi viaggi nel mondo, morte, razzismo, guerra, iniquità, le hai viste in faccia infinite volte. Sono dappertutto, a Sarajevo come in Cecenia, in Somalia come nello Zaire. Possiamo continuare a domandare all'infinito: «Perché?». Forse l'unica risposta è quella che hai scelto di dare tu, dedicando la tua vita ad alleviare sofferenze e a suscitare una speranza, anche essendo consapevole che il contributo che puoi dare è un granello di sabbia.

Non mi è sfuggito che in una delle prime pagine ti rivolgi al «mondo della buona volontà», «quel mondo che spesso crede di non credere ma che nel suo rigore di pensiero ha sempre dialogato con noi». È questo appello un atto di fiducia che rompe vecchie barriere, considerate insuperabili. Ma posso io avere la presunzione di farmi passare per un uomo di buona volontà? Lascio sospesa la risposta. Io non sono – te l'ho detto tante volte – un uomo di fede. Sono un uomo di ragione. La ragione è esigente. Pone dei limiti. Oltre quei limiti comincia il dubbio. Tu, invece, come uomo di fede, hai certezze incrollabili. [...]

Con affetto.

Norberto Bobbio,
filosofo

Mentalità, più che regola

Forse fra voi (e fra noi) non bisognerebbe chiamarla più regola, ma mentalità. Come dice Ernesto all'inizio, nell'invito. È una parola che, a differenza di regola, oggi non urta nessuno ed è in fondo l'inculturazione moderna dell'antico termine regola, che per i primi monaci che l'hanno inventata ad uso e consumo delle prime comunità, aveva lo stesso significato di mentalità.

Non c'è regola per chi si mette dietro Cristo, ma solo una mentalità che cambia un passo dietro l'altro lasciandosi dietro ciò che non serve, come il vestito del bruco che è diventato farfalla. E ciò che non serve, sono gli altri che con l'amore e senza regola ti insegnano cos'è.

Mentalità, più che regola, è una parola che corrisponde alla scuola affettuosa del Sermig, dove non ci sono occhi severi ma solo braccia aperte per chiunque bussi, e il sorriso della pazienza. È la bontà disarmante di Ernesto, la carezza con cui Dio l'ha spedito nel mondo. Nel tempo dell'economia e dell'efficienza, Gli mancava un fondatore capace di non guardare l'orologio, e di amare non solo attraverso grandi cose, ma anche con i gesti quotidiani e gratuiti della tenerezza.

Flaminia Morandi,
giornalista e scrittrice

Monastero metropolitano

Cos'è una comunità consacrata? È un monastero!!! Un monastero nel cuore della frontiera che spacca Torino!!!

Quando noi, uomini di buona volontà «laici» e voi, uomini di buona volontà cattolici, avremo insieme realizzato uno stato sociale adeguato al XXI secolo, e dunque non ci sarà più bisogno di tappare i buchi dell'assistenza pubblica verso i barboni, i tossici, gli stranieri, i matti... Quando ciò sarà stato fatto (e non ci vorrà molto: 5-10 anni massimo) un certo gruppo sparirà, e pure una certa confraternita e pure le tremila associazioni di volontariato. Oppure diventeranno un settore dell'assistenza pubblica. Il Sermig invece non sparirà: perché un monastero non sparirà mai... Voi, forse non vi siete resi conto che siete l'unico «monastero metropolitano».

Luca Nicolotti,
ergastolano delle Brigate Rosse

Vi ho visti nascere

Caro Ernesto, io posso dire di avervi visti nascere e crescere e diventare ciò che siete oggi, negli anni. E oggi è già possibile dire di voi un poco di storia.

In un'epoca di Chiesa difficile, nel tempo che diciamo post-cristiano, e fra mille voci più inclini alla confusione che alla verità, lo Spirito – che al mondo non cede – ha continuato a fare epifania. Apparizione di Gesù. La celebriamo una volta ogni anno, ma la viviamo molto di più se siamo fedeli.

Ebbene, considerando la vostra «Regola non regola», come l'hai chiamata, penso si possa dire che è la descrizione di una epifania che ha nome questa volta Sermig – Fraternità della Speranza.

È bello poter fare simile affermazione. E in questo bello ce ne trovo un altro, che è quello della essenzialità che volete vivere, insistente sulle parole-chiave dell'etica evangelica: bontà, pace, compassione, dono.

Dio vi conservi fedelissimi a questi quattro raggi della stessa luce. Perderli o anche solo smorzarli sarebbe scivolare nell'insignificanza. Ma non c'è nessuna ragione perché ciò avvenga: questo è fuoco dello Spirito, e nel fuoco non ci si addormenta.

La «Regola non regola» è dunque una norma, certamente, ma anche molto di più: è appunto l'anima di una epifania che vuole contribuire a una nuova aurora del mondo. E sia così, caro Ernesto.

Il bisogno di amore e bontà sulla terra è ormai disperato, il giudizio di Dio sulla durezza dei nostri cuori è grave, la responsabilità di chi conosce il Vangelo è affascinante e tremenda. Che il Sermig – Fraternità della Speranza continui a essere, sempre in meglio, quello che è.

Così potrà far parte di quei benedetti dal Signore che passano quaggiù lasciando dietro di sé non un pezzo di mondo distrutto, ma ricostruito.

Mons. Giuseppe Pollano,
sacerdote e scrittore

Mio Dio quanto li invidio

«Ehi, parlo con te, mi senti? E rispondi, no!». È duro cercare risposte in un mondo che corre verso l'indifferenza. Se poi sei povero, affamato, extracomunitario, perseguitato, umiliato e cerchi aiuto ti becchi risposte tipo: «Ma cosa vuoi da me?... Perché dovrei?... Cosa me ne viene?... Ma chi ti conosce? Torna al tuo paese, extra... Mai provato a lavorare, eh? Se proprio devo, penso prima ai nostri...».

Per fortuna però c'è chi è pronto a rispondere sì, a cercare di conoscere meglio da vicino, per capire meglio e aiutare meglio. Senza prevenzioni, paure, calcoli. A trasformare lo sforzo, che per altri è sacrificio, in gioia, la gioia di avere in cambio un sorriso, la gioia di servire Dio nel prossimo.

Se non hai la fortuna di conoscere da vicino Ernesto Olivero e i suoi amici, avvicinati al Sermig.

Il suo Arsenale della Pace è sempre aperto. Dentro, mentre sventola la bandiera mondiale della pace, troverai i sorrisi di chi dedica la vita al prossimo con la semplicità e la gioia che nasce dall'amore.

«La bontà è disarmante», è il loro motto, la loro arma segreta che ha vinto e vincerà tante battaglie.

Mio Dio quanto li invidio.

Piero Reinerio, consigliere delegato
e direttore creativo
dell'agenzia Armando Testa S.p.a.

L'arte del bello

Caro Ernesto,
un'intensa fraternità mi ha da subito e sempre legato al Sermig.

Per questo mi è stato molto facile illustrare la vostra norma di vita così attuale ed evangelica, stilata dal suo fondatore per i meravigliosi giovani che rispondono con un «sì» generoso alle sue proposte.

Sarà il seme fecondo di bene di cui il mondo odierno ha tanto bisogno e lo accompagno con la mia preghiera.

P. Costantino Ruggeri,
francescano e artista

La gioia di rispondere sì
Opera di padre Costantino Ruggeri
ad illustrazione della prima Regola del Sì

Sulle orme dei Padri

Caro sig. Olivero,
ho letto con molto interesse la vostra «regola» e mi permetto di scrivere le semplici ispirazioni che mi sono venute durante la lettura.

Si parla della «regola». Nel linguaggio comune si suppone che il suo contenuto debbano essere norme universalmente valide, formulate in modo astratto. Ciò ha indubbiamente vantaggi giuridici. Però si dimentica che una vera «regola» del cristiano è la persona di Gesù. Questo aspetto nel testo è messo molto bene in rilievo. Non deve forse essere il Vangelo la nostra regola? Certo, ma non perché è un libro, ma perché contiene le parole vive di Cristo che ci parla.

Per conoscere una regola giuridica ci vuole uno studio. Ma la persona si può conoscere solo con il dialogo continuo, le persone divine si rivelano a noi quando dialoghiamo con loro, cioè pregando.

L'uomo, secondo i Padri, è un essere essenzialmente «orante», quindi non può stare senza preghiera neanche un momento, prega 24 ore al giorno, incontra Dio «a tu per tu». Con ciò diviene uomo nel vero senso della parola, cioè persona. «Tu es, ergo sum», scrisse il poeta russo Ivanov. Senza la relazione non siamo «persone» e non conosciamo persone.

Il dialogo con Dio non si interrompe, ma si perfeziona nel dialogo con gli uomini, nella «comunione dei santi». All'inferno, scrive il teologo russo laico Chomiakov, ognuno va per conto suo, nel paradiso si sale solo con tutti gli altri.

Ma non dobbiamo forse fuggire il mondo? Senza dubbio. Ma che cosa è il «mondo»? Secondo la definizione dell'asceta siriaco Isaia Abate, il mondo è «dimenticanza di Dio». Se vediamo Cristo nei suoi poveri, nessuno di essi ci distrae da Dio e cominciamo ad apprezzare anche i veri valori umani, il «bello» che si vede intorno a noi.

Inoltre la nostra unione non è solo il risultato di uno sforzo di volontà. Essa è sacramentale, riflesso particolare del mistero della

Chiesa, quindi il nostro primo «voto» di adesione è il battesimo.

San Basilio concepiva le sue comunità monastiche come rinnovamento della prima Chiesa a Gerusalemme, dove la comunità dei fedeli ebbe un solo cuore e una sola anima. Con ciò essa fu riflesso sulla terra della SS. Trinità, una invasione dell'eternità nel tempo, la presenza divina nel tempo.

L'unione vuol dire pace. La «pace romana» si concepiva come «tranquillità dell'ordine», sistema armonioso delle leggi giuste. Invece il shalom ebraico considera pace il momento in cui le persone libere si mettono d'accordo per una cosa utile per tutti. Ciò non si può stabilire a priori, bisogna osservare i segni dei tempi.

L'ideale tracciato così è sublime, ma per realizzarlo ci vuole tempo, un progresso continuo, la purificazione del cuore nella meditazione, nella preghiera solitaria.

Nonostante il cammino sia lungo, viviamo nella speranza. Nel Credo professiamo che Gesù «verrà». Ma l'originale greco si traduce meglio «sta venendo» già adesso, perciò viviamo nella fede, nella speranza e nell'amore, che sono vita divina nel nostro cammino umano.

Questi pensieri presi dalla tradizione dei Padri della Chiesa mi vennero leggendo il testo della Regola dell'Arsenale. Spero che corrispondano al vostro spirito.

In unione nelle preghiere e in Cristo.

Card. Tomás Špidlík S.J.,
teologo ecumenista

Sandali ai piedi, Bibbia tra le mani

Disarmante temerarietà

Caro Ernesto, ho letto le pagine in cui uomini e donne che ne hanno l'autorità ufficiale o morale benedicono te e la tua impresa. Conoscevo la riluttante fiducia in te di persone come Norberto Bobbio, incrollabile nella sua pessimistica ragionevolezza, ma tentato di riconoscere che le tue buone opere valessero la migliore delle filosofie; come il cardinal Martini, pronto a trarre

dalla sua sapienza la fiducia in te «imparato da Dio». Dom Luciano Mendes – ti devo la sua preziosa amicizia – ti benedice con una generosità tale che sta fra il riconoscimento di quel che sei e l'augurio di quello che puoi essere:

Semplice, come l'uomo del popolo
buono, come il padre della parabola di Gesù
operante, come l'amministratore dimesso
furbo, come i bambini di strada
fragile, come i fiori
fedele, come gli angeli del Signore
inquieto, come i colibrì...

Io, che non posso benedire, posso bensì dir bene, come delle cose che si riconoscono buone, verso le quali si prova gratitudine, a cui si augura di riuscire. Dico bene dell'umile ambizione con la quale tu, dom Luciano, Rosanna e la vostra intera Fraternità di ospiti ospitati vi misurate col mappamondo. Altri lo fanno, in nome della potenza, e piantando qua e là prepotenti e tristi bandierine di guerra. Voi non ve ne state a casa vostra, non vi fate gli affari vostri, piantate lontano bandierine di pace, aprite a casa d'altri ospizi in cui i poveri e gli umiliati si sentano a casa propria, mangino, dormano, si lavino, preghino, vogliano bene al proprio prossimo e a se stessi (quante volte è più difficile voler davvero bene a se stessi). Mi piace la vostra disarmante temerarietà, il vostro napoleonismo alla rovescia. Con quel megalomane – il primo a prendersi per Napoleone – ogni graduato marciava con un bastone da maresciallo nel proprio zaino. Tu cammini coi sandali e una borsa piena di quaderni, matite, caramelle – e della Bibbia. Tutto ciò di cui c'è bisogno quando si incontra una bambina o un bambino nelle strade di San Paolo o di Amman – o, chissà, di Shangai. Dico bene di te e di voi, per quel che vale: come una mano posata sulla spalla del pellegrino che sosta per un momento al nostro fianco.

Adriano Sofri,
giornalista e scrittore

La semplicità

Questi brani di Ernesto fanno sognare.

Dopo i primi paragrafi ci si sente già parte di un progetto di pace per sé, per le persone amate, per i più lontani, per il mondo intero.

Ci si chiede subito, perché non ci ho pensato prima io, perché non l'ha pensato qualcun'altro prima del Sermig.

È un progetto troppo semplice e per questo sorprendentemente geniale.

Dire un sì, e poi tanti sì, essere, vivere per gli altri senza troppe sofisticazioni.

Per i grandi sociologi o futurologi della globalizzazione forse molte di queste note sembreranno concetti da scuola elementare.

E se fosse proprio così? Cioè se la semplicità fosse più adatta ai bisogni del mondo dell'estrema complessità? Quante volte nella vita abbiamo sperimentato che una briciola di azione positiva vale più di tonnellate di teorie?

Caro Ernesto, ieri mi sono addormentato dopo aver letto i tuoi sogni perché mi hanno dato troppa serenità interiore. Ma mi sono svegliato subito per dire la mia e unire il mio sogno al tuo.

Alla fine ho scoperto che la creazione non è finita: è cominciata con un sì, e milioni di anni dopo cammina ancora solo grazie a milioni di sì, a Dio e all'amore.

Sandro Calvani,
responsabile ONU in Italia

La «regola» delle Beatitudini

Anche le Beatitudini hanno una «regola»! Visitare l'Arsenale a Torino e poi leggere la Regola del Sermig, mi hanno fatto esclamare: questa è la regola delle Beatitudini!

Ernesto, con i tuoi amici e specialmente coloro che hanno scelto di giocarsi la vita sulla gioia del Sì, ci indicate oggi che la Via delle Beatitudini è praticabile ed è fonte di Pace e di Luce per l'umanità.

✠ *Michele Seccia*
Vescovo di Teramo – Atri

Rallegra il nostro cuore

Signore Gesù
sei Tu che hai ispirato
Ernesto e i suoi amici a dire «Sì»
e a vivere l'ideale di totale donazione di sé
a esempio di Maria, nostra Madre,
a servizio della tua Chiesa.
È la forza del tuo Spirito che anima,
conforta e incoraggia
ogni gesto di bontà
e di azione missionaria del Sermig.
Conserva nel tuo cuore
quelli che hai chiamato
alla Fraternità della Speranza.
Fa' che siano pieni di fiducia nel Padre,
sempre uniti,
umili e generosi nel fare del bene
cominciando dai più poveri e esclusi.

Affidiamo a Te, Signore, la certezza
che non ci mancherà mai la tua grazia
e il tuo amore.
Rallegra il nostro cuore
perché possiamo dirti sempre «Sì».

Dom Luciano Mendes de Almeida

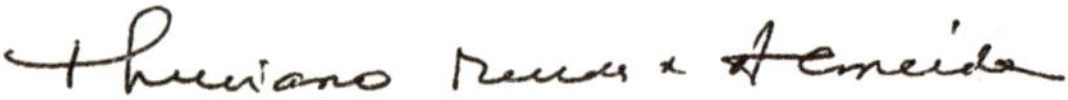

Il Sermig

Fraternità della Speranza

Chi siamo

Non mi sento «fondatore» del Sermig perché tutto quello che ho scritto e che cerchiamo di vivere l'ho imparato dal Vangelo; cerco piuttosto di non rovinare troppo l'opera di Dio; cerco di tenere viva e ben in alto la lucerna che il Signore ci ha affidato perché la gente ha bisogno di speranza.

Il Sermig è di Dio e di tutte quelle donne e uomini di buona volontà che osano sperare e credere in un mondo migliore e che lo preparano con opere di giustizia. Vorrei che la gente, conoscendoci, di noi dicesse «nulla di nuovo sotto il sole» perché ci sente semplicemente cristiani.

Vorrei che «Non bussate, è già aperto» restasse sempre la caratteristica dei nostri Arsenali.

Oggi alle porte degli Arsenali bussano i poveri.

Donne e uomini che fuggono dai loro Paesi per motivi politici e religiosi, giovani che vogliono cambiare la propria vita, donne maltrattate, mamme sole con bambini, donne che chiedono aiuto per non abortire, carcerati, anziani, donne e uomini senza tetto, bambini e giovani disabili... Per loro abbiamo aperto accoglienze diurne e notturne, ambulatori medici, mense, scuole di alfabetizzazione e di avviamento al lavoro, laboratori d'arte e di musica... perché possano avere diritto ad una vita dignitosa, da figli di Dio, proprio «come noi».

Alle porte degli Arsenali bussano i giovani.

Con grande entusiasmo ci hanno aiutato con il loro lavoro, con le loro energie nella trasformazione degli Arsenali, ma ci hanno anche portato le loro critiche, i loro dubbi, i loro bisogni più profondi: ritrovare valori e motivazioni per cui spendersi, cercare il senso del vivere, superare la mentalità dominante con una cultura della vita e della pace, scoprire nuovi modelli di politica, di economia, di sviluppo, di convivenza tra culture e religioni per dare futuro all'umanità.

Le porte dei nostri Arsenali saranno sempre aperte e pronte per sognare con i giovani, che sono per noi il primo patrimonio dell'umanità, da rispettare, da aiutare a crescere.

Alle porte degli Arsenali bussano nazioni e popoli che da sempre portano su di sé la croce dei dolori del mondo.

Non passa giorno che non cerchiamo modi e forme per affrontare le ingiustizie del sottosviluppo, della fame, delle guerre: a oggi la gente ci ha aiutato a finanziare migliaia di progetti di sviluppo e interventi in un centinaio di nazioni dei cinque continenti; ci ha aiutato a realizzare un centinaio di missioni di pace in Afghanistan, Bosnia, Iraq, Libano, Palestina, Israele, Mozambico, Rwanda, Somalia... e ad inviare l'equivalente di oltre cinquecento aerei da carico di medicinali, alimenti, vestiti, attrezzature in zone povere gravate da guerre e calamità naturali.

Nel 1996 abbiamo aperto l'Arsenale della Speranza a San Paolo del Brasile e nel 2003, a Madaba, in Giordania, l'Arsenale dell'Incontro.

Il nostro sogno è continuare ad aprire Arsenali nelle città del mondo prestando attenzione ai segni dei tempi, per rispondere alle sfide sempre nuove che ci pongono. Vorrei anche che non smettessimo di imparare ad accogliere l'imprevisto come un'opportunità e che continuassimo ad aprire le nostre porte a chiunque voglia seriamente cambiare la sua vita. Ma, lo sappiamo bene, senza vita di fraternità, senza l'«*ora et labora*» quotidiano non si va da nessuna parte!

Caro amico, *quello che siamo lo dobbiamo a tanta gente di buona volontà che si condivide in mille modi, regalandoci tempo, servizi, idee, professionalità, materiali, denaro. Noi la chiamiamo «restituzione».*

Se vuoi aiutarci puoi unirti a noi con la tua restituzione. Puoi contribuire alle nostre attività con l'offerta di denaro (tramite ccp 29509106 intestato al Sermig).

***Puoi aiutarci anche con il 5 x 1000**, nella dichiarazione dei redditi basta apporre nello spazio apposito la propria firma e il codice fiscale dell'Associazione Centro Come Noi S. Pertini organismo Sermig di volontariato (codice fiscale 97555980016).*

***Puoi donare generi di prima necessità** per gli Arsenali e per le spedizioni umanitarie: farmaci, alimenti non deperibili, prodotti igienici, cancelleria, coperte, attrezzature sanitarie.*

Se vuoi conoscerci meglio:

> **ogni martedì** sera alle ore 20,30 ci incontriamo all'Arsenale della Pace per pregare insieme;
>
> puoi abbonarti al **mensile** «Nuovo Progetto»;
>
> puoi leggere **libri** tra i quali: *Dio non guarda l'orologio*, *Il lungo cammino verso Dio* (Mondadori), *Il sogno di Dio* (Città Nuova), *Pace* (La Scuola);
>
> puoi ascoltare **i nostri CD**: *Ti amo con una nota* (Rugginenti), *Miserere* (Alabianca), *Dal basso della terra* (Alabianca);
>
> **contattaci** all'indirizzo sermig@sermig.org, per visitare gli Arsenali o partecipare ai momenti di preghiera, riflessione, lavoro.

Caro amico,

si conclude sempre e solo per ricominciare. Quindi vorremmo continuare con te il dialogo iniziato con la lettura di questa «Regola non regola».
Se vuoi, ogni giorno possiamo leggerne insieme una pagina pregando. E così quando ci incontreremo, in uno degli Arsenali o in giro per il mondo, ci riconosceremo immediatamente.
Su www.sermig.org troverai alcuni approfondimenti e altri spunti, tra cui il «Buona giornata»: è una rubrica giornaliera, indirizzata al cuore di quanti si ispirano alla nostra spiritualità, per cercare di vivere la Presenza di Dio negli avvenimenti che ogni giorno ci vengono incontro, sempre in una chiave di speranza.
Continuiamo a camminare insieme.